木簡と中国古代

京大人文研漢籍セミナー4

冨谷　至
目黒杏子　著
土口史記

研文出版

序　文

京都大学人文科学研究所は、第九回「TOKYO　漢籍SEMINAR」を二〇一四年三月一七日に学術総合センター一橋講堂で開催した。

今回のテーマは、「木簡と中国古代」であり、紀元前二世紀から紀元後二世紀のほぼ四〇〇年間にわたる漢帝国の軍事行政の実態を明らかにする資料―木簡―に関する内容である。

まず、冨谷が中国西北地域出土の簡の概要を説明し、続いて京都大学人文科学研究所研究員の目黒杏子、同研究所助教の土口史記が、木簡からうかがえる漢代の年中行事と文書行政を報告した。

九年にわたって続けてきたこのセミナーだが、今回は新しい試みをおこなった。それは「会場からの質問に応えて」という参加者と講演者の質疑応答の時間を一時間設けたことである。事前に質問の用紙を配付し、講演を聴き、それぞれの講師に対して質問を書いてもらい、それをまとめて三人の講師が答える、また質問用紙には書かなかったが、質疑応答の時間に浮かんだ質問、意見も積極的に述べていただくという形式である。

いろいろな質問がだされ、我々もその答弁に四苦八苦したのだが、しかしながらこういう機会を設けたことはそれなりの意義があったと自負している。木簡を専門的に研究している者が当然と思っていたことが、一般には知られていないということ、また出された質問が、これまでとは異なる視座を提供し、我々の研究を補っていただくことができたことである。

本書は、セミナーの報告をもとに編集したものであり、件の「会場からの質問に応えて」もそれぞれの講演者の原稿の末尾に掲載した。この質疑応答を一読していただくと、木簡に関する一般の方々の疑問がどこにあり、読者におかれても、木簡に関する知見が豊かになるのではないだろうか。セミナーでは、質疑応答を最後にまとめておこなったが、本書では読みやすさの便宜のため、それぞれの講演ごとに質疑応答を添えることとした。

最後に一つこの場を借りて宣伝をすることをお許しいただきたい。京都大学人文科学研究所の共同研究の一つとして、冨谷を班長にして、ここ十年にわたって、「漢簡語彙の研究」を進めてきた。これは、居延出土の漢簡の語彙の意味を考究する共同研究であるが、このたび（二〇一五年）その研究成果として約七〇〇〇語彙を採録した『漢簡語彙——中国古代木簡辞典』

とその語義を考証し確定した経緯を明らかにする『漢簡語彙考証』を岩波書店から出版する。これによって漢簡の内容が解読でき、漢簡研究の進展に少なからず貢献できるのではないかと考えている。

冨谷　至

目次

中国西北出土木簡概説

冨谷　至

I　木簡の発見

（一）木簡・竹簡

そこに文字を書く材料を「書写材料」と呼んでいる。いうまでもなく、その代表が紙（paper）なのだが、包装紙、装飾紙としての紙は、前漢時代のものが発見されてはいるが、書写材料としての紙は、蔡倫が後漢元興元年（一〇五）に「蔡侯紙」と称される紙を朝廷に献上したことに始まる。

紙が登場する以前、中国では甲骨、青銅器、石、布などいくつかの材料に文字を記していたのだが、それらはあくまで限定された特別な内容を記す（刻する）材料でしかなく、内容の制約を受けない普遍的な書写材料は、「簡牘」と総称される木札、竹札であった。木と竹はそれがもつ特質にあわせて使用されたが、竹は生息地が限られているので、竹が容易に入手できない地域では、木片しか使えない。後述するように、二十世紀の初め、簡牘が発見された地域は、竹の生息しない中国西北部の砂漠地帯であり、そこで木札つまり木簡を使うしかなかった（本文末の「質疑応答」を参照）、加えて日本、朝鮮からは木簡しか出現しなかった状況から、「木簡」という語が我が国では定着し、教科書にも載せられている。

木簡や竹簡が、いつ頃から中国社会で書写材料として使われていたのか。甲骨文字の時代、つまり紀元前一五〇〇年前後の殷王朝では、甲骨の他に木や竹の札に文字を書いていたのかどうか、かりにそれらが使われていたとしても、木や竹の札に何を書いたのか、簡牘を使って情報をだれに伝達しようとしたのかという問題を考えねばならず、殷の簡牘が出現していない現段階では、はっきりとは分からない。

現在、考古発掘により確認されている中国の簡牘は、紀元前三〇〇～二〇〇年、つまり戦国時代の簡牘であり、もっとも時代が下るのは、四世紀初の東晋の時代のものである。

なかでも行政文書、司法文書、書籍、暦等々、多様な用途に使われ、国家の政治制度と切り離して考えることができないほどの完成度をもっていたのが、紀元前二〇六年から紀元二二〇年におよぶ四〇〇年間の漢時代であった。今日では、漢簡は漢代を研究するうえでの最も重要な出土資料であり、漢簡なくしての漢代史研究はできないといっても過言ではない。

(二) 簡牘の発見

紙が登場して、やがて書写材料の中心となるに従って、木簡、竹簡は地上から姿を消していく。中国社会ではいつ頃まで簡牘が使われたのか、東晋以降、隋唐時代まで木簡は書写材料として利用されたのだろうか。今後、隋簡、唐簡が出土するのだろうか。そのことは、日本木簡との関連で大変興味のあることがらであるが、残念ながら明確な回答を用意することはできない。

地上から姿を消した簡牘が、ふたたび地上に姿をあらわしたのは、二十世紀の初めであった。中国の西北辺境一帯、つまりいまの甘粛省、内蒙古から出現した漢簡に限っていえば、最初はスタインによって、一九〇七年に、河西回廊疏勒河流域に東西に点在する漢代の烽燧（見張り台）遺址から七〇〇余枚の木簡を、次いで一九一三年〜一六年にかけての同じ敦煌一帯の漢代遺跡から二〇〇余枚、合計九〇〇余の木簡が見つかった。一般的にそれらを「敦煌漢簡」と呼んでいる。

次いで一九三〇年、数にして敦煌漢簡の十倍にものぼる漢簡が発見される。いわゆる「居延漢簡」であり、一九二七年五月から一九三五年四月まで足かけ八年におよぶ中国とスウェーデンとの合同学術研究「西北科学考査団」（The Sino-Swedish Expedition）が現在の内蒙古自治区と甘粛省にまたがるエチナ川下流域の漢代烽燧遺址から一万余の漢代木簡を発見したのである。

西北科学考査団はスウェン・ヘディンが隊長であったが、漢簡の発見はおもに考古文物の担当であったフォルケ・ベリイマン（Folke Bergman）にかかる。時に一九三〇年四月二七日、場所はボロ・ツォンチ（Boro-tsonch）、ここは漢代の軍事基地卅井候官（西北科学考査団遺跡番号P9）がおかれた地であった。

――この方形の遺跡を計測しているときに、私はペンを落とした。かがんでそれを拾おうとしたところ、ペンのすぐ側にかなり保存度のよい漢の銅銭（五銖銭）を発見した。注意してあたりを見回すと、やがて青銅の鏃と銅銭を見つけた。……翌日（二七日）本格的に発掘を開始し、時をおかずに細い木片（slat）、――その形は、ヘディン発見の楼蘭出土の木の文書を想起させ、それらは、かってスタインも甘粛、新疆で数多く発見したものでもある。私は木片に文字が書かれているものを目を懲らして見つけるように伝え、言い終わるか終わらないかの内に、私自身が墨でかかれた漢字がかすかに認められる木片を発見したのである。

ベリイマンはその報告書の中で木簡発見をかく伝える。彼が最初に見つけた木簡は無文字簡であったらしい。しかし考古学者としての彼の学識が、単なる木片ではなく、それが楼蘭簡、敦煌簡に類するものであることを判断し、その判断が万におよぶ居延漢簡の発見のきっかけとなったのである。

ボロ・ツォンチで発見した簡は約三六〇枚ほどであったが、以後の探検調査でム・ドルベルジン（Mu-durbeljin　破城子　遺跡番号A8）から約四〇〇〇、ウラン・ドルベルジン（Ulan-durbeljin

地湾　遺跡番号A33）から約二〇〇〇枚、タラリンジン・ドルベルジン（Taralingin-durbeljin 大湾遺跡番号A35）から一五〇〇枚が出土し、合計二〇箇所の漢代遺跡から約一〇〇〇〇枚の漢簡が発見されたのである。（地図）

漢簡の出土は、日中戦争、第二次世界大戦が始まったことにより、一九三〇年で一端中断し、ほぼ半世紀にわたって空白の時期を経て、辺境一帯の漢代遺跡に新たに本格的な考古調査が行われたのは、一九七〇年代になってからのことであった。

一九七二年から一九七六年にかけて、甘粛省博物館、甘粛居延考古隊がエチナ川流域の漢代遺跡を調査し、一九七三年、七四年に、先のベリイマンによる遺址番号のA8（破城子）、A32およびP1の三箇所を選択して発掘した。その結果、A8から六八六五枚および未編号の簡約一〇〇〇枚、A32らは一一五七七枚、そして三〇年代の発掘では一枚しか見つからなかったP1からは、一九五枚の木簡が発見されたのである。三箇所の遺跡から約二〇〇〇〇枚の漢簡が出土したことになる。この新出の簡を「新居延漢簡」と我々は呼んでいる。

さらに、付け加えねばならないエチナ川流域出土の漢簡がある。一九九八年から二〇〇二年の五年間、内蒙古自治区文物考古研究所が阿拉善盟《アルシャメイ》博物館、額済納旗文物所とエチナ川下流域の共同学術調査をおこなった結果得られた五〇〇余枚の漢簡である。調査の遺址は、破城子（西北科学考査団遺址番号A8）の付近の八箇所の漢代烽燧（第七燧（T14）、第九燧（T13）、第十一（T12）、

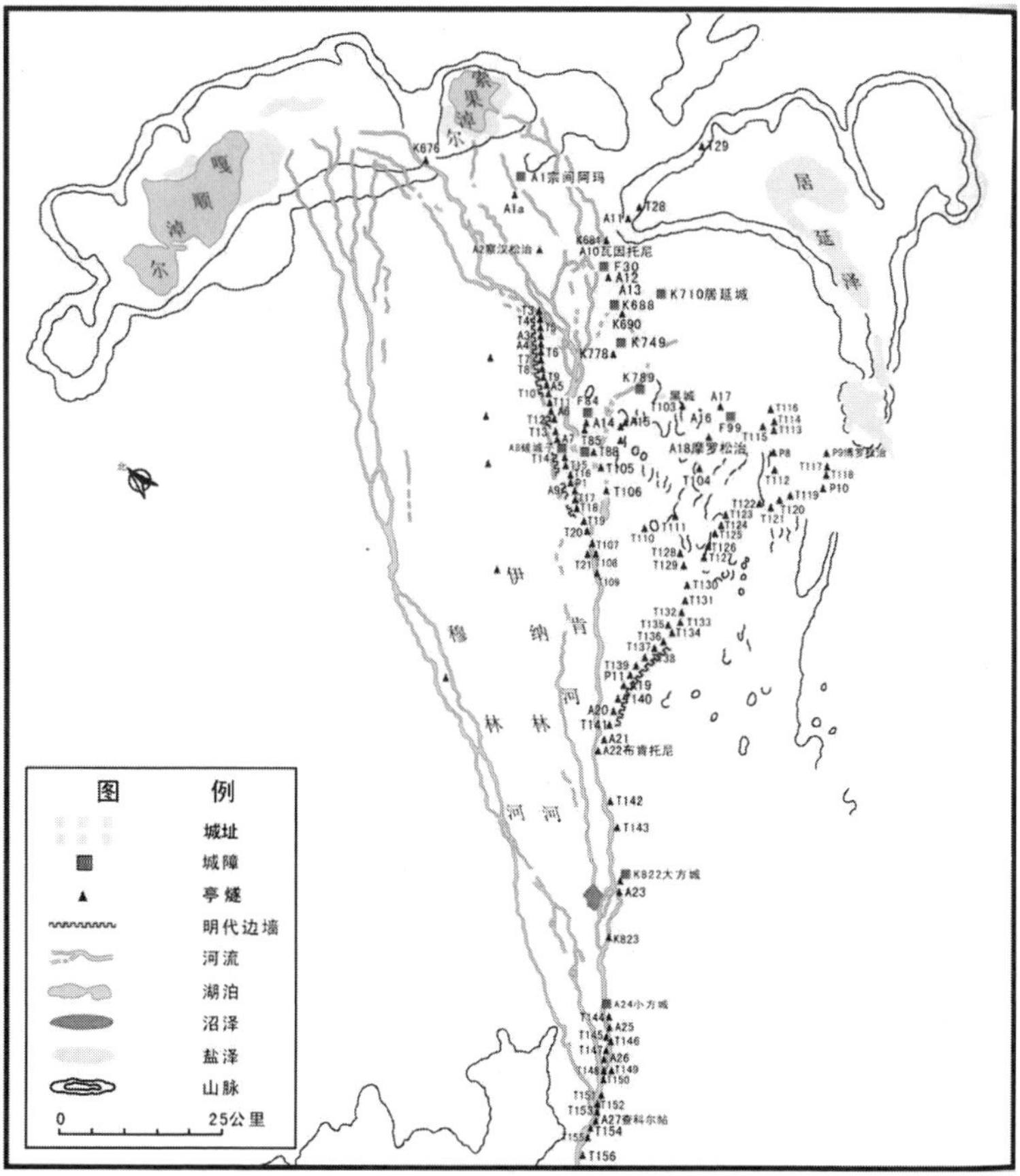

地図14　内蒙古自治区額済納河流域漢代亭障分布図

第十二燧（A6）、第十四燧（T10）、第十六燧（T9）、第十七燧（T8）、第十八燧（T7）および察干川吉（西北科学考査団遺址番号　T116）であったらしいが、詳細な報告がなされているのは、第十六燧と察干川吉の二つの遺跡である。この五〇〇余枚の木簡は、「額済納漢簡」と呼ばれている。

以上が現段階でエチナ川流域からまとまった数が出土した木簡のあらましであるが、敦煌疏勒河流域からの近年の出土も述べておこう。

一つは、「敦煌馬圏湾出土簡」である。一九七九年、甘粛省文物考古研究所が敦煌市西北九五キロの漢代烽燧遺址を調査して、王莽期を中心とした漢簡一二二一片を発見した。この遺跡は、かつてスタインが調査したT11とT12aの中間に位置し、スタインの調査では見落とされていたところであった。遺跡は新たにD21の編号が与えられている。

別に、一九七七年には、玉門花海から九一枚、一九八一年には、敦煌酥油土から七〇余枚、一九八六年から一九八八年にかけて、敦煌後坑（スタイン編号T11、甘粛省編号D20）から十七枚、馬圏湾（D21）から四枚、小方盤城（T14、D26）から二枚、臭墩子（T230、D62）から二枚、小方盤城南第一烽燧（D. N1）から五枚、同第二烽燧（D. N2）から十二枚、塩池湾（T120、D22）から十一枚、小月牙湖東墩（T239、D54）から十九枚、大坡墩（T3、D14）から一枚と少数の簡が数カ所の遺跡から発見されたが、敦煌一帯から出土した漢簡として、その数および内容のうえで、最も注目されるのが、一九九〇年から一九九二年にかけて発見された「懸泉置出土簡」であった。

懸泉置とは、敦煌市の西六四キロ、河西回廊、安敦自動車路にそった郵亭施設の遺跡であり、漢から唐にかけてここに郵亭（置、駅、郵などと呼ばれる）が置かれていた。

甘粛省文物考古研究所が二年余に時間をかけて、五段階にわけて一帯を発掘した結果、二三〇〇〇枚の漢簡が発掘されたのである。これまでの辺境の漢代遺跡が烽燧つまり軍事基地であるのに対して、懸泉は郵書伝達のステーションといった非軍事行政機関であること、そこから見つかった簡の分量が、万を数えることから、懸泉出土の漢簡は、とりわけ注目される。ただ、現段階では一部の図版と釈文が公開されているだけである。

以上が、二十世紀になって、中国西北辺境から出土した簡牘の概要である。

Ⅱ　簡牘の形状と名称

簡牘の使用は、大きく分けて、冊書簡と単独簡の両種がある。

冊書とは、簡を綴じ紐で結んで長い文章を書いていくもので、「冊（卌）」は、その象形に他ならない。簡の長さは、最初は決まってはいなかったが、紀元前二世紀後半、漢文帝の時期に、一般に用いられる簡は一尺（二三センチ前後）の長さ、皇帝が使用するものは、一尺一寸の長さと決められた。そして、それから半世紀を経た五代目皇帝武帝の時代、儒学が官吏の学ぶべき学問として制度化された時、経書が他の書物よりも、また皇帝の簡よりも権威ある書として、長さが二尺四寸の簡が用いられることになり、また法律（律）も、経書と同じ権威をもつ二尺四寸の簡に記されることになる。ここに、書かれる内容が簡の長さによって段階的に権威づけられることが定まり、それは簡牘による文書行政が確立したことも意味する。

居延漢簡の時代は、武帝征和年間（前九二年～八九年）以降に属す。したがって、居延漢簡は一尺が標準簡となっているのである。

なお、冊書には、同じ長さ、同じ厚さの簡を多数用意せねばならない。したがって、製造には木より竹の方が簡単である。私は、冊書簡は、一般には竹簡でなかったかと推定している。

冊書簡の他に一本が独立して使用される単独使用の簡がある。

単独簡は様々な種類と用途があり、またその長さ・形状は一定していない。漢簡の中にも一部が確認される名称と用途を列挙してみよう。

単独簡の名称と用途

【検】　公私の文書、もしくは物品を送るときに使用され、封緘の役割をもつ木簡である。封印をそこに押す粘土（封泥）をつめる方形の凹みが作られているものもある。（図1）

図1

【檄】　多面体で長さは一定していないが、比較的長大である。「檄」という語は、多面体の木簡の材料、形状を意味するばあいと、多面体の文書の種類を意味する二通りの使われ方が居延漢簡などにはみえる。文書としては、密封はせずに衆目にさらすことで、注意を喚起する機能が込められたものである。（図2）

図2

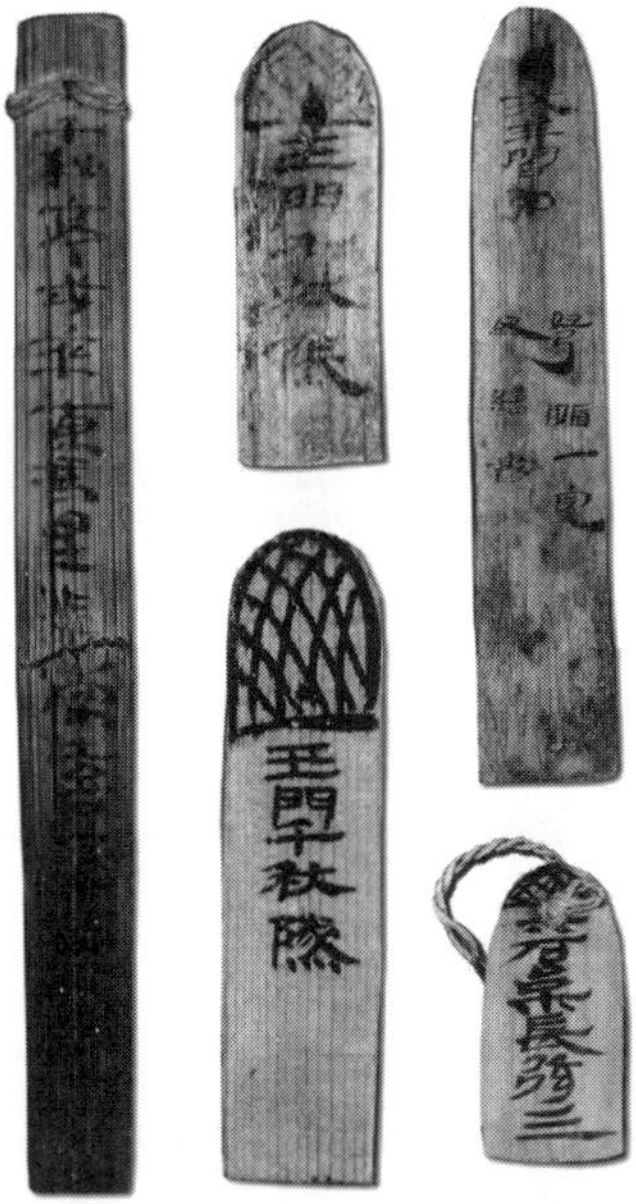

図3

【楬】「楬（けつ）」という語は、漢簡には見えないが、物品の内容を書いて掲示する札である。それは、荷札、付け札にほかならないが、漢簡には頭部に丸みをつけたり、穴をあけたり、また両端に刻みをいれたりした形状で、機関の名称、帳簿の名称、物品の品名、数量などを記した比較的短めの簡が数多く見つかっている。

荷札とは、移動する物品に付けられる標識であり、付け札とは倉庫、文書倉などで保管したときに付けられる整理用の標識であるが、出土している楬はそのどちらなのか、明確には区別ができない。（図3）

【伝】「伝」の原義は、「送る」「伝える」いうことであるが、そこから敷衍して、文書伝達のステーション、その宿舎、施設、ステーションに備える馬車など、つまり「送る」から派生するいくつかの機能、施設、手段も「伝」の意味をもつ。そして、簡牘の種類、用途のうえからの「伝」という語が漢簡にも見え、それは、通行証明書、より正確に言えば、旅行者の身分証明書である。出土した「伝」に関する簡は、それぞれの官署、関所などで旅行者の身分証明

書を確認し、写しをとったものである。（図4）

図4

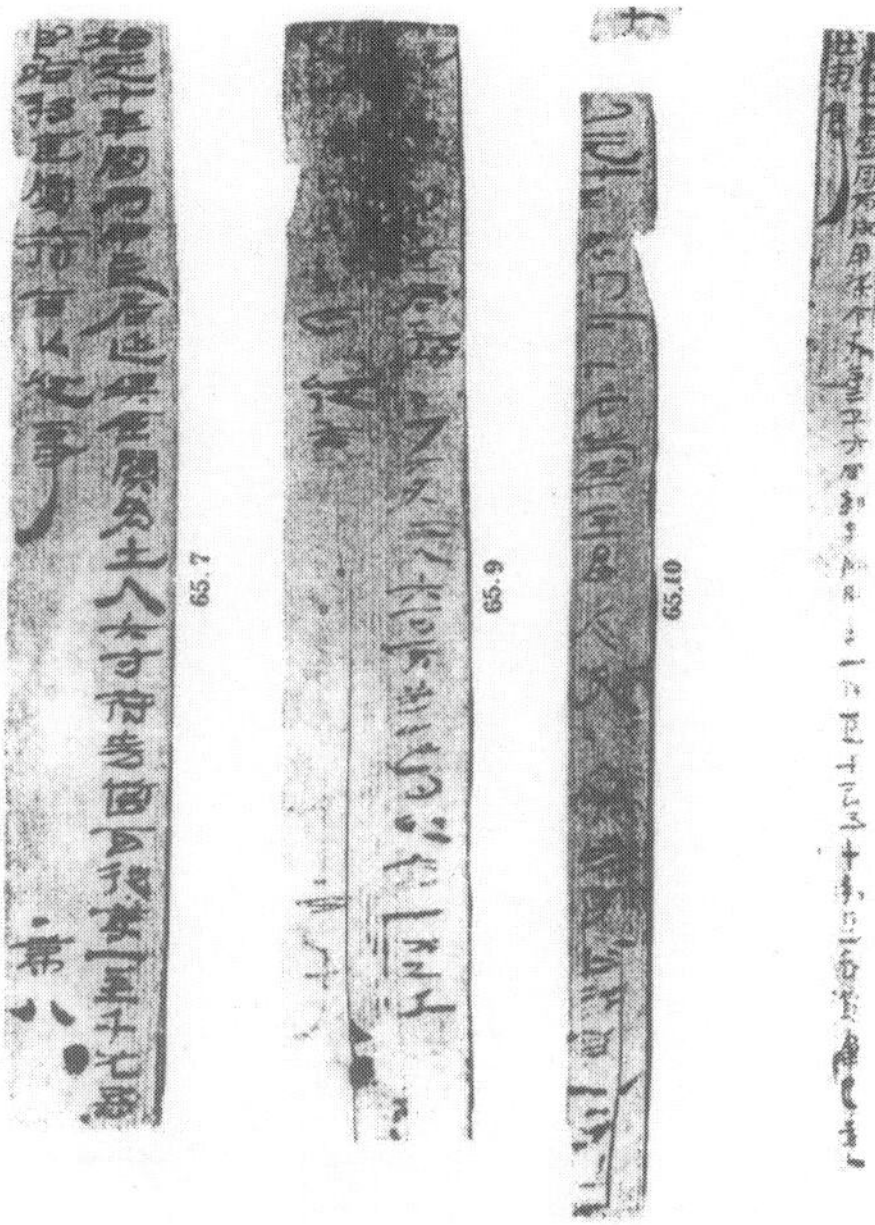

図5

【符】　伝と同じく証明の為の単独簡であるが、「符」は二枚一組になっていることが特徴である。二枚をいわゆる「符合」されて、何らかの証明、つまりそれは物品、金銭の授受・売買にかんして受給両者が所有する証明書、役人の用務引き継ぎ・確認に関しての証明、そして関所の通過においての割り符などである。二枚一組でそれを照合して確認するためにその符に刻み、切り込みが入っている。（図5）

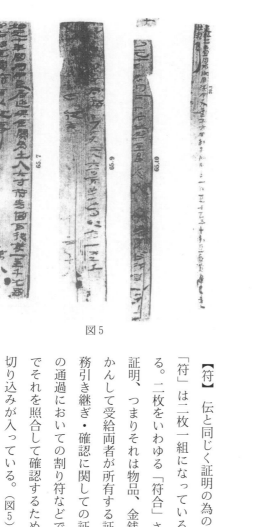

この他にも、様々な用途に応じて単独での木簡があるが、その名称が簡文においても確認されるいくつかの単独簡を右に列挙した。なお、単独で使用する簡牘は、主として木簡である。それは、頭部を丸くしたり、多面体であったり、切り込みを入れたりする細工をこの単独簡にはなされることから、竹よりも木のほうが断然適しているからである。

Ⅲ 辺境出土簡の時代

漢帝国が西北辺境である河西回廊一帯に勢力を及ぼすようになるのは、武帝時代である。匈奴との戦争に勝利をえて、そこに順次郡を設置していく。元鼎二年（前一一五）に河西郡、元鼎六年（前一一一）に酒泉郡、そして元封年間（前一一〇〜一〇五）になって河西郡は、張掖郡と名称が改められる。さらに最も西の郡として敦煌郡が天漢年間（前一〇〇年〜九七年）に設置され、その下に県がおかれたのである。『漢書』地理志によれば、敦煌郡には西から敦煌、效穀、冥安などの九県が、居延地方を管轄する張掖郡には、十県がおかれた。エチナ川流域について言えば、下流にそって、つまり北に向かって觻得、昭武、居延の県が並ぶ。

『漢書』武帝紀太初三年（前一〇二）夏四月の条には、「強弩都尉路博徳、居延を築く」と記され、同様の記事は、『史記』匈奴本紀にも、「漢は光録の徐自為をして出だしめ、強弩都尉路博徳をして居延沢の上に築かしむ」とある。『史記』の記事と関連づけて考えると、路博徳が築いたのは、居延海（居延沢）のほとり一帯の警備施設（亭）であろう。

その後、天漢二年（前九九）には、有名な李陵が居延遮虜鄣から歩兵五〇〇〇人を率いて出陣し、鄣の北四〇キロのところで玉砕した。

『漢書』李陵伝には、武帝が李陵に下した詔には、「遮虜」という烽燧名称がみえ、そこから出陣して北に向かい情報活動をせよとあり、

以九月發、出遮虜鄣、至東浚稽山南龍勒水上、徘徊觀虜。

九月をもって発し、遮虜鄣より出でて、東浚稽山の南、龍勒水の上に至り、徘徊して虜を観る。

また、匈奴軍に囲まれた李陵が部下と遮虜鄣に何とか逃げ込み、そこで落ち合うことを期し、李陵がその手前百里で捕虜となってしまったこと、『漢書』李陵伝に見える。

令軍士人持二升糒、一半冰、期至遮虜鄣者相待、脱至塞者四百餘人。陵敗處去塞百餘里。

軍士に令し、人ごとに二升の糒、一半の氷を持せしめ、遮虜鄣に至りし者は相い待つを期

す。脱して塞に至りし者は四百余人なり。陵の敗処は塞を去ること百余里なり。

一連の文脈からすれば、遮虜鄣はエチナ川下流域に作られた最北の砦（烽燧）と考えるのが自然であろう。

確かに居延漢簡の中には遮虜燧が見える。ただそれは甲渠候官所属、もしくは肩水候官所属の燧名であり、甲渠候官の北には、殄北候官、居延候官が置かれていた。文献史料と簡牘資料の間の齟齬はいったいどう考えるべきなのであろうか。

『漢書』と居延簡にみえるこの二つの遮虜鄣が同じ燧であるとすれば、考えられる可能性の一つは、李陵の時には、北に位置していた遮虜燧が後に南の方に移された、もしくは移動したというよりも北にあった燧の名称が廃止され、あらたに南に同名の燧が置かれたという見方である、今ひとつは、遮虜燧の北に時代を降って軍事施設が設置されていったという考えである。

同名の燧が、異なった都尉府内にそれぞれ置かれたことは、確かにあった。たとえば、「執胡」「受降」「破胡」などの燧がそうである。しかし、所属の都尉府を同じくする異なった候官に同一名の燧が置かれることはなかったと思う。同名の燧が同じ都尉府内に二つ存在すると、文書の伝達に混乱が生じるからである。

居延漢簡にみえる「遮虜」という名称は、候官、都尉府といった大規模な軍事機関としては登場せず、最小単位の烽燧の名称である。候官、都尉府の管轄区域、もしくはその治所の位置が移動することはあったとしても、たんなる一烽燧だけが移動するということは、考えられず、他にそのような例も検証できない。また移動、それも前線からの後退は、拡大期にあっては例がない。したがって、この場合には、やはり李陵が出陣した時期よりも後の時代になって、一層勢力を拡大した漢が烽燧を北に延伸したとみるべきであろう。

ここでどうして、この事にこだわるのかといえば、エチナ川流域の烽燧の設置年代とそこから出土した居延漢簡がいつの時代のものなのかをはっきりしたかったからに他ならない。

現在発見されている居延漢簡の中で、最も古い年号が確認される簡は、A10（瓦因托尼）から出土した武帝征和三年（前九〇）の紀年をもつ次の簡である。

出糜卌三石二斗　　征和三年八▨　　148・1

A10（瓦因托尼）は、黒城の北、ソゴノールの南に位置する最も北の官署で、ここは亭（通沢第二亭）、烽燧（殄北候官第二燧）、そして倉（居延城倉）の三種類の機関が置かれていた。

右に挙げた148・1簡もそうであるが、このA10遺跡からは穀物の出納帳簿が多数出土している。つまり、征和年間には、すでに漢はエチナ川下流、漢北ゴビの西北端にまで軍事行政基地を設置し、そこには穀物倉庫が設置され、軍事行政が文書により行われていたことが、確認される。

一方、居延漢簡の紀年簡のもっとも時代が下るのは、永康三年（一六九）の紀年をもつ簡であり、肩水金関北のA29遺址から発見された簡である。

〼永康三〼　　551・32

ただこれは、断簡であり内容は不明で、かつ永康は一年で建寧に変わっている。それよりも以前で最も新しい紀年簡は和帝永初五年（一一一）である。

〼□石六斗五升、　永初五年三月〼　E.P.T61: 5A

永康と永初年間はほぼ五〇年の空白があり、その間を補う紀年簡はいまのところ発見されていないが、後漢順帝期（一二六年～一四四年）あたりまでは、エチナ川流域の漢代軍事行政機関は存在し、簡牘による文書行政は行われていたことは確かであろう。

以上、居延一帯の漢代烽燧と居延漢簡の時代は、前漢武帝紀元前百年前後、匈奴との戦争において漢が河西回廊一帯を支配し、軍事防衛機関（烽燧）が置かれ、十年とたたない内にゴビの北にまで烽燧が整備されたのである。そして行政文書としての簡牘の形状と機能もこの武帝紀元前一〇〇年前後に制度化され完成をみ、それは、後漢中期の順帝あたりまで約二五〇年間引き継がれていく。

この二五〇年の期間は、漢帝国が政治、軍事、行政のうえで最も充実し、帝国の盛隆の時代であった。それは文書による行政が徹底した時代でもある。つまり漢簡の時代とは漢帝国の時代であり、帝国の衰退とともに、簡牘による文書行政も衰退したのであった。

Ⅳ　辺境行政と漢簡の内容

都尉府・候官・部・燧

エチナ川流域、疏勒河流域に点在する軍事行政施設、それは隣接する施設から送られてくる信号を目視できる距離である五キロから十キロメートル間隔に設置されていた。

（本書一一三ページの地図　エチナ川漢代烽燧）

かかる施設、もしくは官署は、序列化された統属関係をもっていた。いったい漢の地方行政機構は、郡のもとに県が置かれ、県の下部組織として郷と里がおかれていた。また行政機関とはべつに、治安・警察機関としての亭、文書伝達のステーションとしての郵も存在した。都道府県、市、区、町、組という行政区域とは別に交番とその警邏管区、郵便局とそれが管轄する郵政管区があると考えればよい。一〇三の郡（王国もふくめて）が置かれ、居延地方には張掖郡の郡治に属し、その下には一〇県が置かれ、エチナ川流域についていえば、上流つまり南が觻得県、北の下流が居延県の行政区であった。また居延県には八の郷、亭五四、戸数一九八四、人口が一五七三五であった。これは居延漢簡の時代のうちの、ある時期の統計であり、次の木簡がそれを示している。

亭長廿一人受樂成侯國三人　凡廿四人
凡亭以下五十人、受樂成侯國四人、定長吏以下五十四人
郷八、聚卌四戸七千九百八十四、口萬五千七百卅五　　E.P.T50: 3

内郡では郡の長官（郡太守）の下に、太守を補佐して軍事を担当する軍事長官ともいえる都尉が一人置かれていた。しかし、辺郡では部都尉と呼ばれる数人の都尉が置かれ、この部都尉は

軍事だけではなく、行政にも関わった。張掖郡には、北に居延都尉が南に肩水都尉が配置され漢簡には都尉、都尉府の名称が頻出する。

都尉府の下には候官という軍隊においては中隊にも相当する機関が属し、候官の長を候といい比六百石の等級であった。県の長官の県令が秩千石から六百石であったことからすれば、候官は県に相当する機関といってもよい。居延漢簡から判明する候官は、居延都尉府の下の居延、殄北、甲渠、卅井の四候官、肩水都尉府の下の橐他、広地、肩水、倉石、庚の五つの候官である。このうち殄北候官は瓦因托尼（A1）、卅井候官が博羅松治（P9）、甲渠候官が破城子（A8）に、肩水候官が地湾（A33）に置かれていたことは漢簡から立証できるが、その他の候官の所在地に関しては、現段階でははっきりしない。

候官の長（候）の属官としては、次官として丞、塞尉、掾、士吏、令史、尉史などの吏がおり、そのほかに卒（徭役、兵役に徴発された兵士）がおり、合わせて百人前後にのぼると推定されている。

候官には燧が最末端の機関として所属していた。燧の長は燧長といい、そこには三名から五名の卒が軍事防衛に当たっていた。なお、複数の燧は一つのグループを形成し、それが部と呼ばれ、グループ内の燧長から選ばれる代表が候長であった。換言すれば、候長が属する燧が某部という機関であり、部名と燧名が重なるのは、同名の燧と部が二箇所にあるのではなく、ある燧が部としてグループをまとめる役割を担っているからに他ならない。

以上が、西北辺境の軍事行政の概要である。以下の二人の報告は、そのより具体的な内容を紹介するものである。

質問：中国の時代劇で、戦場からの急な知らせは（古代）布に書かれていますが、やはり急用や秘密事項には木簡・竹簡は使われなかったのでしょうか。

冨谷：機密事項にしろ、急な伝達にしろ、布に書かれたという史料は、ありません。それらは、当然簡牘（木簡もしくは竹簡）に書かれました。機密事項は、封検といわれているそと蓋の簡（そこには泥をつめる凹みがあります）の泥の上に印をおしていわゆる封印をしました。

質問：木簡は公文書（行政文書）と書籍のみに使われ、私信には使われなかったのでしょうか。

冨谷：私信つまり手紙にももちろん木簡、竹簡が使われています。

質問：なぜ日本の木簡には封泥をしなかったのでしょうか、その理由は？

冨谷：封泥を有する木簡を「検」といいます。検は、冊書の形をもつ文書簡を書嚢に包んでその上に結わえられるものと、ひとまとめにした荷を箱などにいれて、縄で結わえ、その結び目につけられるものがあります。木簡の冊書は日本には存在しません。冊書にすべき書写材料は、すべて紙に変わっていたからです。したがって、文書につけられた検は日本にはなく、それゆえ冊書の封泥も存在しません。ただ、荷物の中身が途中で開封されるのを防ぐための封泥は、日本で存在してもおかしくはありません。なぜないのか、今のところ分かりません。今後出土するかも知れません。

質問：中国古代の木簡が辺境の地でのみ見つかるのはなぜか。

冨谷：二十世紀の初め、木簡がはじめて出現したのは、確かに中国西北の砂漠地帯からでした。しかし、今日、木簡は、辺境だけから出土しているわけではありません。内地の古墓、井戸遺跡などからも出土しています。

質問：中国で紙が使用され始めた後、木簡の使用はなくなったのか。それとも限定的に併存したこともあったのか。

冨谷：書写材料としての紙が造られたのは、二世紀で、それ以後紙が次第に使用されて行きました。しかし、紙が出現して木簡がすぐに消滅したのかといえば、そうではありません。モノの出現、利用、浸透には時間がかかります。木簡と紙の併用期は、五世紀初めの楼蘭遺跡でも確認されます。私は、だいたい五世紀あたりまでは、確実に木簡も使用されていたと考えています。ただ、問題は、七世紀に入ればどうだったのかです。今日確認されている日本の木簡の最も古い時代は、七世紀中期です。中国では唐の時代に当たりますが、唐簡は発見されていません。

質問：ほかに竹簡があるが、当時竹と木は中国全土どこにでもあったのか。それとも分布が限られていたのか。

冨谷：竹の生息に関して、森鹿三「竹と中国文化」（『東洋学研究』　歴史地理篇　同朋舎）という論文があります。竹の生息は、一般的には北緯三五度以南であるとされていますが、北に行くほど生息は部分的になります。また西は、現在の甘粛省一帯、居延・敦煌地方には竹は生息していません。

質問：出土例は西域が多いのか。その理由は、乾燥した地域だからか。

冨谷：二十世紀のはじめは、西北辺境一帯からの出土が大半でしたが、それは砂漠の乾燥が、木簡の保存に効果があったからです。ただ、最近は、内地の古墓や古井戸から大量の竹簡、木簡が発見されています。それらは、水没し、また泥中で保存されたものです。

質問：秦簡・漢簡に竹・木（材質）の違いとか、ほかに特徴の異なる点があるのか。

冨谷：秦簡、漢簡どちらも竹簡と木簡があります。最近、湖南省里耶古城から万単位で発見されました秦の木簡（里耶秦簡）は、居延漢簡と比べると、木牘といわれる幅広の簡が多いと思います。また漢簡と秦簡の最も異なる点は、漢簡は簡の長さに規格があったのに対して、秦簡の長さは、一定していないことでしょう。

質問：簡の長さについての疑問。私の感覚では中国の皇帝はかなり権威が強いというイメージがあります（時代によって様々なのでしょうが）。にもかかわらず皇帝の用いる簡が経書の半分以下の長さしかないという点。それだけ経書の権威というのは（漢代の）中国において絶対的だったのでしょうか。

冨谷：経書は、皇帝より権威のある聖人君王（堯、舜、周公、孔子など）の言行録、もしくは編纂にかかるものです。したがって、経書は皇帝の命令書（詔書）よりも権威をもっています。

質問：標準簡と皇帝の用いる簡の長さがそれほど違わない（と私は感じてしまう）点です。わずか、2センチメートルほどの違いを根拠として皇帝の権威の証だということはできるのでしょうか。

冨谷：長さはわずか2センチメートルですが、そこに書かれた文章を見れば、一字分の突出はやはり目立つのではないでしょうか。図をご覧下さい。（図）

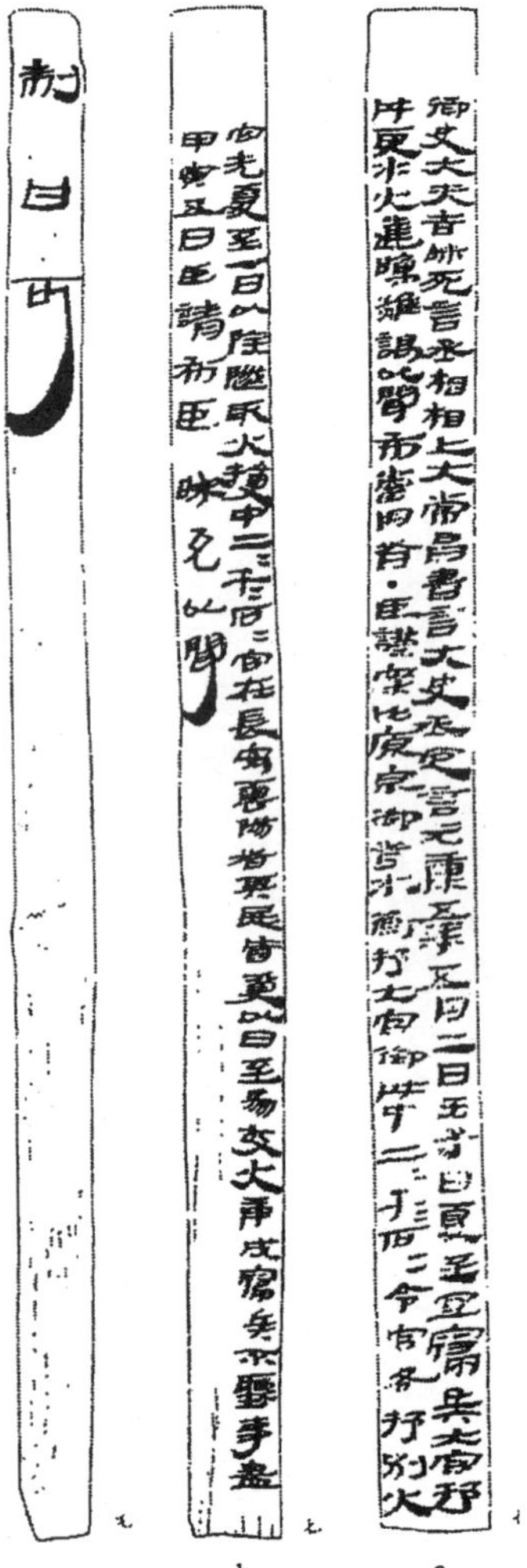

a　b　c

質問：武帝の設立した楽浪郡には木簡の出土がありましたが、特に倭に関するものがありませんでしたか。

冨谷：残念ながら、ありません。

質問：竹簡と木簡はどちらが先に使用されましたか。また地域によって使用が違うのですか。

冨谷：竹簡と木簡の使用の先後は不明です。地域により使用が区別されていたのではないでしょうが、竹が生息しない所（たとえば、辺境地帯）では、木簡しか使われていません。

質問：木簡および竹簡の生産地は推定されているのでしょうか。

冨谷：木簡、竹簡に使用する木材、竹材は、それが書写された現地で入手できるものが使われたと考えられます。したがって、特別な生産地はありません。

質問：材料（原木の種）、寸法の系統的なずれ、など生産地、製造所が複数あったことを示すデータがありますか。

冨谷：右の質問にも関係しますが、特別な製造所はありません。

質問：木簡の出土本数が、現在一〇〇万とも二〇〇万ともという話だったが、時代および地域の幅はどのくらいあるのか。

冨谷：中国木簡（竹簡も含めて）としては、最も古い簡牘は戦国時代（前三世紀）のもので、時代の下限は四世紀の木簡です。地域は最も西はタリム盆地の楼蘭、尼雅出土のもの、もっとも東は、朝鮮半島の平壌出土の楽浪簡です。内地からは黄河流域、長江流域から出土しています。

質問：木簡の出土場所として墓があるわけだが、墓からはどのような内容の木簡が出土しているのか（行政目的以外にも何か書いてある気がするが）。それは墓誌であるのか。

冨谷：墓主の生前の履歴を何らかの形で記した簡も「墓誌」にいれるなら、そういった内容の簡もあります。その他、法律の条文、暦、書籍、副葬品のリストなども出土しています。

質問：木簡が記録としての意味合いを持つとわかるが、その内容を字の読めなかった民には伝えられたのか。

冨谷：それは、最終的には口頭で伝えられました。ただ、木簡は一般的人民が判読するという前提では書かれていません。あくまで、役人のあいだの行政文書、帳簿です。

質問：国境近くの辺境での通信命令文、荷札だけに木簡を用いたのか（使用目的）。

冨谷：木簡は一般的な書写材料です。つまりそこに文字を書くための材料で、内容に使用が限定される訳ではありません。書籍、暦、帳簿等等、文字情報の伝達には、木簡もしくは竹簡が用いられました。それは今日の紙と同じ機能です。

質問：紙の文書は風雨土砂などにより消滅し、発掘されなかっただけで、双方が存在しなかっただけなのか（物理的残存理由）。
冨谷：紙が造られたのは、先述のごとく、二世紀になってからです。それ以前には、書写材料としての紙はありません（包装、装飾等の紙は存在してました）。
紙の木簡・竹簡の並存の時代にあっては、ご質問のように、紙の文書は自然消滅してしまいました。タクラマカン砂漠のロプノール、楼蘭遺跡から出土した紙は三世紀後半のものですが、これは木簡と同じく沙中に埋もれて極度の乾燥状態が保たれた故に残ったのです。
質問：竹簡と木簡はその使用目的や内容によって使い分けられていたのか。それとも単なる材料の違いによるだけで深い意味はないのか。
冨谷：簡牘には、綴じ紐で編んで冊書の形にする場合と、付け札、割り符、封検のように単独で使用するものがあります。前者には同じ規格の簡が多量に供給できる竹の札が主として用いられ、後者は簡面に穴をあける、封泥匣を彫ったりすることから、木の札が使われます。
質問：古代日本の場合、竹簡は使われていたのか。
冨谷：今日、日本で出土している簡のうち、書写材料として使用された竹簡は見つかっていません。
私は、日本では竹簡は使用されていなかったのではないかと想像しています。先にお答えしましたように、竹簡は冊書簡として使われていました。日本の場合、冊書簡は発見されていません。冊書はすでに紙にかかれるようになったからです。

質問：中国の方と研究をご一緒するとき、例えば、役所の仕事の官僚的なごまかしや、権威付けや裏抜けの手口などを一緒に苦笑いすることはありますか。

冨谷：役所のごまかし、権威等等、私はあまり経験したことがありません。それはあまり役所と関係することがなかったからです。現地調査においては、若干、役所と関係することはありますが、その場合も、私は経験したことはないです。

質問：中国の研究の主体というか中心は漢人ですか。少数民族の地にある遺跡や遺物に少数民族の研究者はどの程度関わっておいでですか。

冨谷：なかなか難しい質問です。私には正確にはお答えできません。少なくとも、私が知っていて、また中国の学会で会うのは中国人（漢族）研究者です。

質問：中国の「事情」で研究が滞ったことはありますか。

冨谷：あります。木簡が発見されたのは二十世紀初頭です。その後勃発した日中戦争、第二次世界大戦で研究は中断しました。これは、中国の「事情」とは必ずしもいえないのですが、中華人民共和国が成立した以後、一九六〇年、七〇年代には、文化大革命が起こりました。この文革の時期は、中国からの出土文物の発表、成果報告、研究は停滞しました。

質問：木簡を研究・解読することの意義の一つは、『漢書』、『後漢書』などの史書に記載されている事柄が事実かどうか検証、証明することにあると理解していいですか。

冨谷：『漢書』などは、正史と称される各王朝の正式な歴史書です。木簡は、行政・司法関係の文書や帳簿、付け札など極めて限定された行政管内でやりとりされた同時代資料です。確かにそれらの資料は、それによって正史の記述が検証できる場合もありますが、むしろ正史を補い、正史ではそこまで詳しく分からなかった事柄、歴史を語る資料と位置づけています。

質問：木簡と竹簡があるが、「簡」の字は「たけかんむり」です。木簡に先駆けて竹簡があったのでしょうか。

冨谷：確かに「簡」は、「竹かんむり」です。「簡」は「文字を書く細長いふだ」という意味で、木の札は「牘（とく）」と称されます。「簡」「牘」、この二語が古くからある以上、木簡に先駆けて竹簡があったということは、必ずしも言えないでしょう。なお、「竹簡」という二語は『後漢書』に見える蔡倫の造紙の記述に「自古書契多編以竹簡——昔から書籍は竹簡を編綴していた」と見えますが、「木簡」という語は出てきません。（ただ、蔡倫のこの記述は、冊書に関するもので、単独簡の記事ではありません）。

質問：木簡に使われる木材の種類はいくつか限定されるのでしょうか。

冨谷：中央研究院植物研究所の鑑定によれば、次の数種の木材が確認されています。

①青扦（学名：*Picea neoveitchii Mast.*）　雲杉属で、湖北省東北から、陝西、山西、甘粛各省の高山に生息。

②毛白楊（学名：*Populus tomentosa Carr.*）　甘粛省、華北に生息。

③水柳（学名：*Salix babylonica Linn.*）　長江以南で見る樹木だが、北方にも生息。

④檉柳（学名：*Tamarix chinensis Lour.*）　青海、甘粛省、新疆ウイグル自治区に生息。

質問：木簡に文字を記すとき、簡を手に持ち、筆は簡に対して九〇度となると聞きましたが、本当ですか。

冨谷：簡はあまりに小さすぎます。また字も大変小さな字が書かれた簡が少なくありません。帳簿には項目、数量を記入する定まった箇所があります。そういうことからして、手に持って書くことは、私は不可能だと考えています。

質問：墨は現在の墨と成分は同じか。

冨谷：この質問をよく受けるのですが、墨の科学的分析に関する報告は、なされているかもしれませんが、私は見ていないのです。

質問：編綴簡は綴じた簡に書くか、あるいは一枚ずつ書いてからある分量で綴じるのか。

冨谷：一般には後者でしょう。編綴の綴じ紐が書かれている文字の上にかかっているものもあります。これは明らかに一枚ずつ書いて、その後綴じたことは明らかです。書物の簡は、綴じ紐の部分を空白にして文字がかからないようにした簡があります。その場合もやはり書写した後、編綴したと考えられます。

質問：編綴簡一巻の簡の枚数は何枚くらいですか。

冨谷：これは、一定しません。「巻」があって、「枚数」が決まるのではなく、まとまった数量の簡を綴じたのが一巻です。書籍で言う第一巻、第二巻の「巻」に他なりません。それぞれの書籍で一巻の分量が異なるように、一つの「巻」における簡の枚数も異なります。ちなみにいえば、一本の簡には、二五字前後が書かれます。したがって、千字がひとまとまりの章で、それを巻物にすれば、三〇本から四〇本が一巻となります。

質問：竹簡と木簡では墨と硯と筆で記されています。これらの筆記用具はどこでどのように作られたのでしょうか。経年劣化が少ないものでは最良のものと思われますが、生産地方とこれらの道具は官給品だったのでしょうか。

冨谷：筆記用具がどこで作製されたのか、はっきりとは分かりません。公用の筆記用具は、現地の役所で作られた可能性が高いと思いますが、その場合には、当然官給でしょう。

質問：出土した木簡・竹簡はあとどれくらいで読めなくなりそうですか。

冨谷：出土の状態と保存のやり方によるでしょう。一九〇〇年代に敦煌一帯から発見された敦煌漢簡は、現在大英図書館に保存されています。一世紀以上経って、簡は黒ずんできましたが、文字の確認はできます。

質問：木簡等が発見された環境も大事な要素だと思われます。気温・湿度、水流などの影響を受けにくい地層であったことが幸いしているようですが。ちなみに中国東部、南部でこのような遺物が大量に発見された場所があるのでしょうか。

冨谷：湖北省、湖南省、浙江省、および、東では山東省などから数多く出土しています。

質問：平城京などからも木簡が発見されていますが、日本へはいつ頃中国から伝わったのでしょうか。

冨谷：この問題は研究者が頭を悩ましてきたテーマです。結論をいえば、はっきり分かりません。現在見つかっている日本木簡の最も古いものは、六四〇年代のもの、中国では唐の時代に当たります。そのころには、唐で木簡が使われたのか、遣唐使は唐で木簡を目にしたのか、現段階では唐簡は見つかっておりません。

日本の木簡はその形態から見て、朝鮮半島の新羅、百済の木簡と類似しています。日本木簡は朝鮮半島の影響が強く、中国との直接的関係はないのではないかと、私は考えています。

質問：中国では木簡が行政以外にも使われたのか。日本の歌木簡のように、日本語、日本文学に影響を与えるものも出土しているのか。

冨谷：詩歌に類するものとしては、安徽省から竹簡の『詩経』が発見されています。これは、紀元前一六五年前後、前漢初期にあたります。

質問：漢代識字率をどのように見るか、書記官の存在なくして記録作成や文書作成が困難な状況での記録の公正性、事実理解についての一定の限界を感じるが、いかがか。

冨谷：識字能力にかんして、いま行政上の文書が理解できるというレベルとすれば、書記官（令史という官職）が文書を作成します。行政のうえで簡牘は、官署間でやりとりされるもので、一般の人民がそれを取り扱い、読んでかつ理解するということは、前提とはなっていません。一般人民への通達、命令は、里という村落の単位で口頭で里の長が民衆に伝えたと考えられます。

質問：オアシス荒廃の原因はなにか。自然の気候変動、人間（兵）が資源を使い尽くしたのか。

冨谷：両方が考えられると思います。

質問：烽燧選定の基準はなにか。自然条件の良否、狼煙の目視の限界、兵站線の維持の考慮によるのか。

冨谷：地理的条件と目視可能距離（だいたい五キロ）、それと長城との位置関係で設置されました。

質問：木簡竹簡に限らず、青銅器（鼎など）、陵墓など、中国人の記録を残すことへの情熱・執念のよって来たる所以はなにか。

冨谷：甲骨、青銅器などに記された文字は、人と天、もしくは祖先神との交流、天子が天帝への報告として記録されたものです。それがやがて人間同士の情報伝達に文字が使われます。史官の始まりは、王の言動の記録と自然現象、暦の記録から、やがて「歴史」の記録になっていきました。情熱、執念の由来と聞かれますと、はっきりと説明できないのですが。

質問：本の装丁のように飾り付けのある木簡や竹簡はありますか。綴じ紐がおしゃれとか裏に彫刻が施されている豪華な美術品のような。

冨谷：綴じ紐に細工がされたとは、考えられませんが、簡牘の時代には、文書は布類に包まれて、その上に検が付けられました。書嚢という入れ物ですが、その包装用の布は色によって、重要性、権威の区別がされていました。やがて、紙になったとき、青紙、黄紙などの紙が用途にしたがって使用されました。また封印の印泥にも色による区別がありました。皇帝の使う印泥は青い布につつまれ、紫泥が使われました。

質問：木簡と簡牘の違いを教えてほしい。

冨谷：木簡と竹簡をあわせて、簡牘と呼んでいます。日本は木簡しか出土しませんので、この「簡牘」という語は、日本史では使われていません。

質問：一九世紀まで木簡が発見されなかったのはなぜか。北方で発見されたとのことでしたが、中央にいた人々はその重要性に気がつかなかったのでしょうか。発見者が外国人であるとするのはなぜでしょうか。

冨谷：木簡が残っているのは、砂漠地帯と古墓です。シルクロード一帯は、一九世紀まで中国の内地から簡単にいけるところではなく、また科学的考古調査も明清では行われてはいません。一九世紀、ヨーロッパの列強は東方への進出のために、中央アジア一帯の地理学的、民族学的、宗教学的調査を行いました。木簡の発見はその副産物なのです。

質問：今回の話では正式文書としての木簡だが、日本での発掘例は、メモ、手習い等も多数出土している。当然中国にもメモの類いがあるのでしょうか。

冨谷：中国からも、習書、削りかす、草稿などが少なからず出土しています。

質問：漢簡の規格統一以前の（大きさがまちまちの）木簡は出土しているのか。出土しているならどのような状況か。

冨谷：単独簡は大きさが一定していません。また「檄」とよばれる多面体の簡は、長大な簡があります。

漢代辺境出土文書にみえる年中行事

――夏至と臘――

目黒　杏子

はじめに――「暦譜（カレンダー）」に記された時節

二〇世紀初頭以降、中国の各地において出土した秦漢時代の簡牘の中には、複数の「暦譜（カレンダー）」が含まれていた。左にあげたのはその一例、敦煌出土の「永光五年暦譜」（簡番号D1560A・B）である（図1）。

（A：正面）
永光五年
正月乙巳朔大
二月乙亥朔小　二日丙子春分
三月甲辰朔大　十九日壬辰立夏
四月甲戌朔大
五月甲辰朔小　四日丁未夏至
六月癸酉朔大　八日庚辰初伏十八日庚寅中伏廿一日癸巳立秋
七月癸卯朔小　八日庚戌後伏
八月壬申朔大八日己卯秋分

（B：背面）
九月壬寅朔小　廿三日甲子立冬
十月辛未朔大
十一月辛丑朔小　十日庚戌冬至
□高五尺

十二月庚午朔大　十七日丙戌臘　廿七日丙辰立春己亥晦

縦23センチメートル、幅3センチメートルの簡の両面に、永光五年（前三九）の十二ヶ月の朔日の干支と各月の大小といった暦における最も基本的な情報の他、二分・二至・四立（春分・秋分・夏至・冬至・立春・立夏・立秋・立冬）の八節、及び三伏（初伏・中伏・後伏）と臘の日付と干支とが書き込まれている。現在までに出土している暦譜の形態や書式は様々であるが、「永光

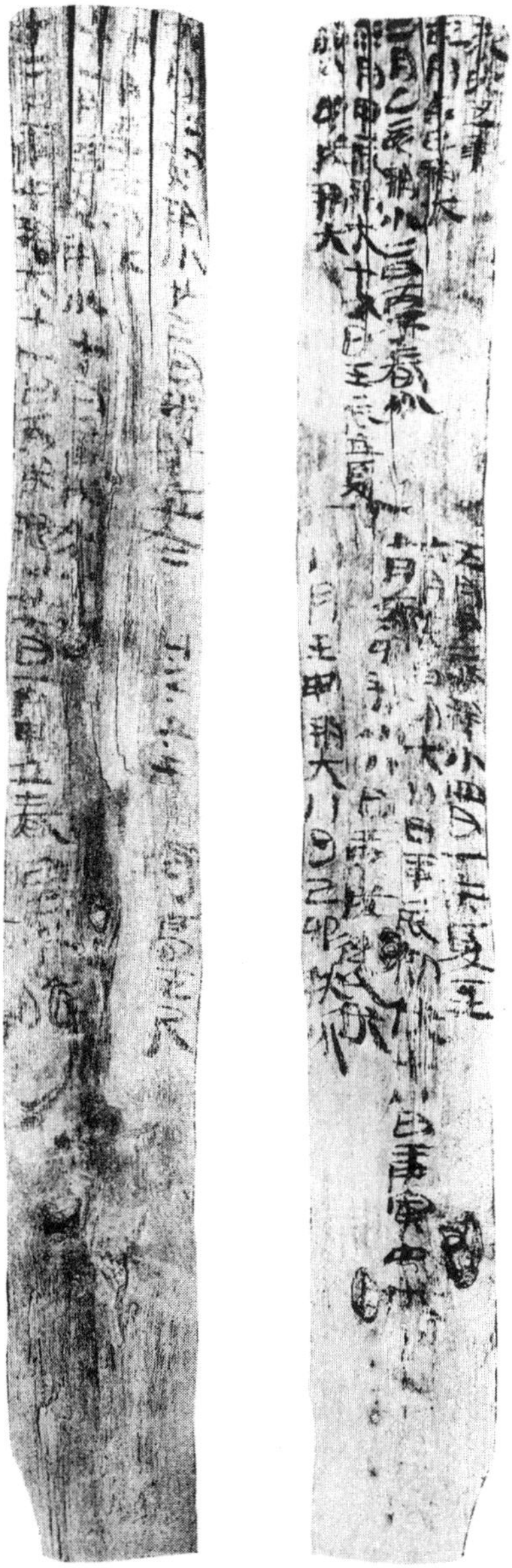

B　　A

図1　永光五年暦譜（図版：『敦煌漢簡』上、甘粛省文物考古研究所編、中華書局、一九九一年）

五年暦譜」は概して前漢時代の暦譜のスタンダードとしてよい（吉村昌之「出土簡牘資料にみられる暦譜の集成」〈冨谷至編『辺境出土木簡の研究』朋友書店、二〇〇三年〉）。「永光五年暦譜」をはじめとする、西北辺境地域の漢代官府遺構から発見された多くの暦譜は、遺構の性質上、官府での実務に用いられていたとみられる。また秦漢時代の墓から副葬品として発見された暦譜の中には、墓主の一年間の日ごとの公私にわたる行動が書き込まれたものがあった（湖北省荊州市周家台三〇号秦墓出土の「秦始皇三十四年暦譜」、江蘇省連雲港市尹湾六号漢墓出土の「元延二年暦譜」など。髙村武幸『漢代の地方官吏と地域社会』〈汲古書院、二〇〇八年〉参照）。暦譜は秦漢時代の官吏の日常に密接に関わっていたといえる。

西北辺境出土漢簡の多くが属する時期、前漢後半期から後漢初期に至る間は、太初暦が用いられた期間に当たる（前漢武帝の太初元年〈前一〇四〉～後漢章帝の元和二年〈八五〉）。冬至を起点として八節と十二ヶ月の大小（「大」は三〇日、「小」は二九日）、及び閏月とを計算、配置して年ごとの暦を作成し上程する職務は、中央官府の太史が担っていた。中央で算定された八節などの時節が、地方末端の官吏の実務や生活にどのように関係していたのか、考えてみよう。

八節は、暦において季節のめぐりを具体的に示すとともに、農事進行の重要な指標であり、農業を国家と社会の再生産の基幹とする漢王朝の政務を時間の面で律する意義をも有していた。その意味で、地方末端の官吏に至るまで、中央政府の規定した標準の「時」を周知し、実務の参照とする必要があったのではないだろうか。

一方、盛夏の候の「伏」や歳の終わりの「臘」は、季節の節目に当たるとともに、祖先などに対して祭祀を行う祭日であった。

及良死、幷葬黄石、毎上冢・伏・臘祠黄石。（『漢書』巻四〇張良伝）

張良が死去すると、黄石を一緒に葬り、墓参や伏、臘の時にはいつも黄石を祭った。

卓字子助。臘日、奴竊食祭其先、卓義其心、即日免之。（『後漢書』列伝第五八符融伝李賢注引『袁山松書』）

韓卓は字を子助といった。臘の日に奴隷が食べ物を盗んで祖先を祭ったが、韓卓は奴隷の心を立派だと思い、その日のうちに赦免してやった。

こうした事例から、漢代を通じて伏と臘とは祖先などを祭る日であったことがわかる（中村喬「臘祭小考」（『三田村博士古稀記念東洋史論叢』立命館大学人文学会、一九八〇年））。

さらに臘に関して次のようなエピソードもみえる。

建武初、仕執金吾府、除細陽令。毎至歳時伏臘、輒休遣徒繫、各使帰家、並感其恩德、應期而還。(『後漢書』列伝第二三虞延伝)

光武帝の建武年間の初め頃に執金吾の役所に仕え、細陽県令に除任された。季節の節目や伏、臘の日がやってくるたびに、収監されている刑徒に休みを与えて各自の家に帰らせたが、その全員が虞延の恩愛に感動し、休み明けの期日には戻ってきた。

季節の節目、伏、臘といった日には家族などが集う慣行があり、またそれを保証ないし勧奨することは、地方の行政官がその地域を円滑に統治する上で有益であったことが伺われる。

このように、八節や臘などの節日が役所の暦譜に書き込まれた背景には、それらの日が当時の生活、習俗において重要な節目であったために、統治の実務においても重視されていたことが考えられる。

そして西北辺境地域より出土した多くの公文書の中に、八節の一つである夏至に挙行された行事の詳細を記した文書「元康五年詔書冊」と、年末の臘に関わる文書「臘肉銭簿」がある。以下、この二つの資料を手がかりに、こうした年中行事を通じてみえる当該期の統治の一局面を追跡していきたい。

「元康五年詔書冊」の概要

一九三〇年代に発見された居延旧簡より大庭脩氏によって復元された「元康五年詔書冊」は、八本の簡牘からなる、前漢宣帝が元康五年（前六一：三月に改元されて神爵元年となる）二月に裁可し全国の官府に下達された詔書とその執行命令の実物である（『秦漢法制史の研究』〈創文社、一九八二年〉）（図2）。

①御史大夫吉昧死言、丞相相上大常昌書、言大史丞定言元康五年五月二日壬子日夏至、宜寝兵、大官抒井、更水火、進鳴雞、謁以聞布當用者。●臣謹案【比原泉御者】水衡抒大官御井、中二千石、二千石令官各抒。別火

②官先夏至一日、以陰隧取火、授中二千石、二千石官在長安雲陽者。其民皆受、以日至易故火。庚戌寑兵不聽事、盡甲寅五日。臣請布。臣昧死以聞。

③制曰可。

④元康五年二月癸丑朔癸亥、御史大夫吉下丞相、承書從事下當用者、如詔書。

⑤二月丁卯、丞相相下車騎將軍、將軍、中二千石、二千石、郡大守、諸侯相、承書從事下當

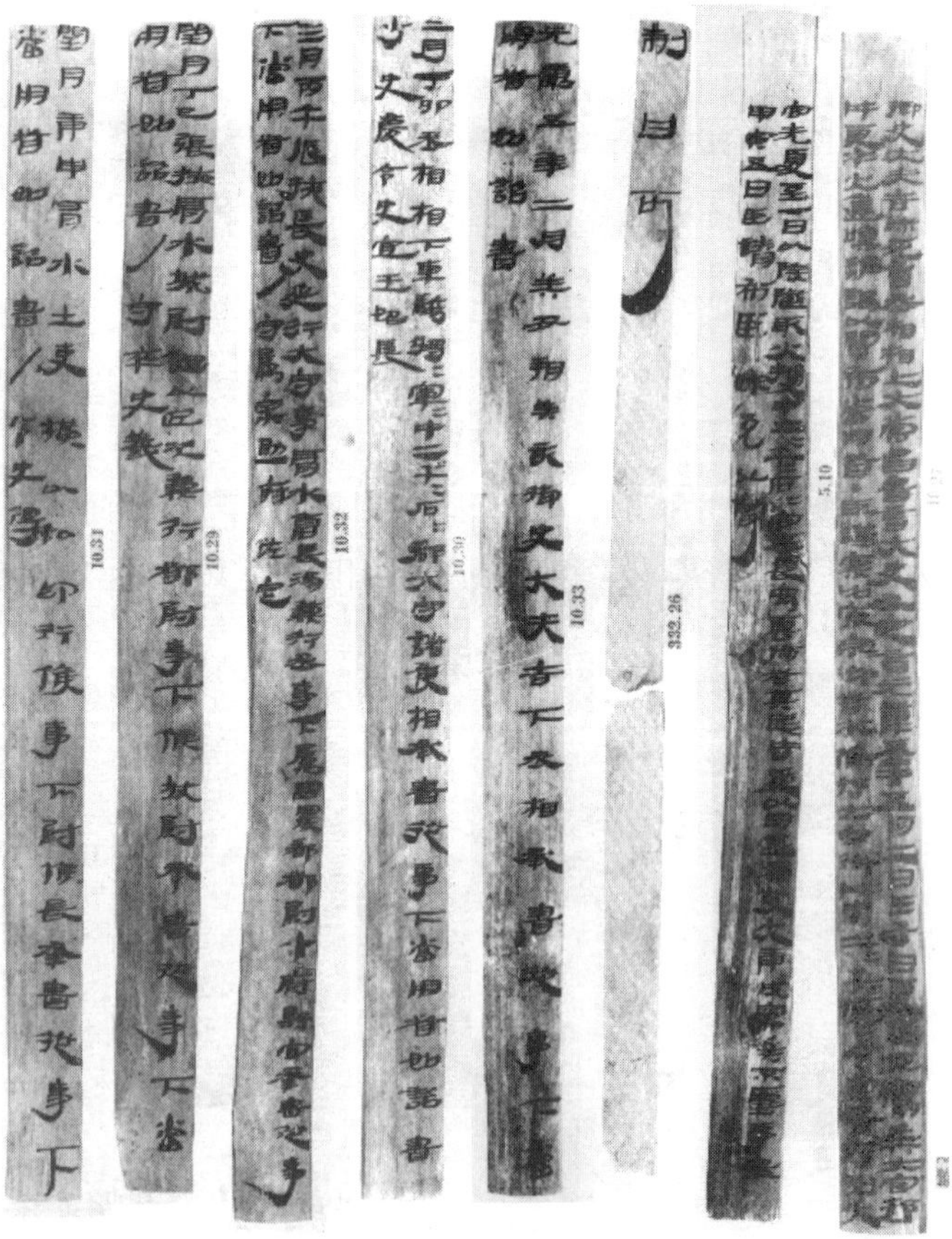

⑧ ⑦ ⑥ ⑤ ④ ③ ② ①

図2 元康五年詔書冊（図版：『居延漢簡 図版之部』中央研究院歴史語言研究所、一九五七年）
①10・27 ②5・10 ③332・26 ④10・33 ⑤10・30 ⑥10・32 ⑦10・29 ⑧10・31

用者、如詔書。少史慶、令史宜王、始長。

⑥三月丙午、張掖長史延行大守事、肩水倉長湯兼行丞事、下屬國、農部都尉、小府、縣官、承書從事下當用者、如詔書。／守屬宗、助府佐定。

⑦閏月丁巳、張掖肩水城尉誼、以近次兼行都尉事、下候城尉、承書從事下當用者、如詔書。／守卒史義。

⑧閏月庚申、肩水士吏横、以私印行候事、下尉候長、承書從事下當用者、如詔書。／令史得。

①及び②に記された夏至の儀礼的行事は当初、民俗学的な問題関心から注目された。その後大庭氏によって一連の冊書として復元されると、中央において詔書が発布される手続きや、中央から地方末端に伝達されるまでの詔書の下達経路を実証する資料として重要性が高まった。大庭氏の説によりながら冊書の内容を概観しておこう。

発議者は太史丞の定なる人物である。彼は夏至に挙行すべき複数の行事を提案した。この発議は、まず九卿の一つで国家儀礼を主管する太常に上申され、次に国政の万事を統轄する丞相を通じて皇帝の秘書官である御史大夫に取り次がれ、御史大夫がより具体的に各官府が行うべき事を定めて皇帝に上申し、皇帝がそれを裁可した（①②③）。こうして執行することが確定した命令（詔書）は、御史大夫から丞相に下達され、丞相から中央・地方の全ての官府に発信された（④⑤）。その命令は張掖郡太守のもとに届き、太守（この場合は代行者）がさらに統轄下の諸官府に下達し（⑥）、続いて肩水候官にまで到達した（⑦⑧）。

夏至の行事の内容

では命令が伝達された様々なレベルの官府で、夏至の儀礼的行事としてどのようなことが行われたのだろうか。

太史丞の原案をふりかえっておくと、夏至に際して行うべき行事は、軍事行動を慎むこと、皇帝の膳を司る太官がその職務に使用する井戸を浚渫すること、水と火とを「改め」て「鳴鶏」を供する儀式を行うこと、の三点である。これらの行事にはそれぞれに典拠があり、先秦時代以来の習俗を反映していることがすでに明らかにされている（邢義田「月令与西漢政治」『新史学』九巻第一期、一九九八年）。この原案を翻案した御史大夫の指令から各官府の行事を割り出すと、次のようになる。

○水衡都尉と太官

皇帝の膳に用いられる井戸などを浚渫、清掃する。

○将軍府、中二千石及び二千石官の官府（中央の上級官庁）

それぞれの官府内の井戸を浚渫し、別火の官より新しい火を受け取る。夏至を挟んだ五日間は通常の政務を休む。また配下に軍隊をもつ官府は、夏至を挟んだ五日間、軍事行動を慎む。

○別火

夏至の前日に発火具を用いて火を取り、それを長安県と雲陽県に所在する中二千石官と二千石官の官府に授与する。長安と雲陽に居住する民にも火を授与した。別火とは武帝太初元年に設置された、大鴻臚（中二千石）統轄下の中央官府である。

○郡太守と諸侯相（地方官庁）

中央官庁と同じく、それぞれの官府の井戸を浚渫し、夏至を挟んだ五日間、通常の政務を休み、また軍事行動も慎む。ただし「改火」が行われたかどうかはわからない。地方が中央の別火から火を受け取ることは不可能と考えられるためである。

以上のように御史大夫の指令の内容をみていくと、とくに別火が中心となる「改火」儀礼は、長安県及び雲陽県といった都に近い地域でしか行えないこと、中央と地方とでは儀礼、行事の内容に差異が生じることがわかる。詔書冊は中央から全国へと一様に下達されてはいるものの、その内容が一様に実施されたとは言い切れないのである。

次に、詔書冊が出土した西北辺境地域に的をしぼってみよう。

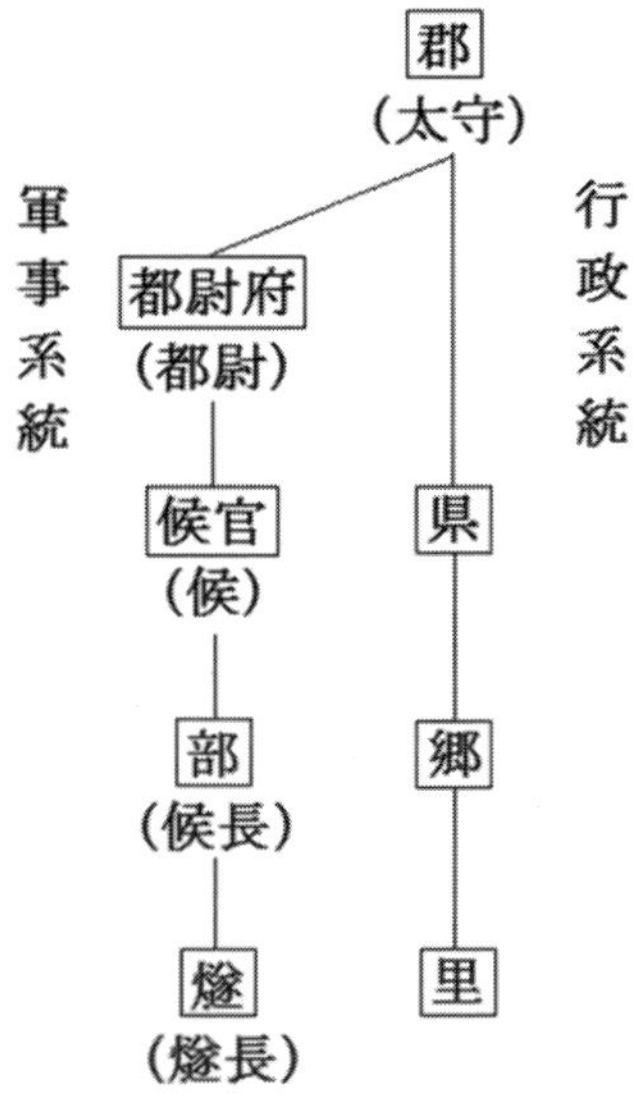

図3　漢代辺郡の組織

張掖太守府の下達対象である属国都尉、農都尉、部都尉は、全て辺境に置かれた軍事的性質の強い機関であるから、夏至を挟んだ五日間、軍事行動を慎むという指令は適用される。またこれらは多くの吏員が配置され物資や人員、兵員の管理などを文書を通じて遂行する事務機関でもあるため、政務を休むという指令も効力を持つ（図3）。

その下の候官は、都尉府管轄下の軍事機関であるが、やはり文書を用いた種々の事務も重要な職務としていたため、都尉府と同様に「寝兵」と「不聴事」が適用されてもよさそうである。ただし、この詔書冊と関連する「元康五年（神爵元年）暦譜」（179・10）は、この年の四月二十九日から五月三十日に至る日とその干支を箇条書きにしたものだが、その冒頭には「四月廿九日庚戌、寝兵。五月大。辛亥一日。壬子二日夏至。癸丑三日。甲寅四日盡」とあるため、候官に適用された指令は実際には「寝兵」のみだったのではないか、という疑念が出てくる。

公務は休みになったのか？

詔書冊は候官からその統轄下の複数の部（候長を長とする）へ、さらに部が統轄する複数の燧へ下達された。そこで、夏至に際して部の候長と候史、及び燧に配属された卒の職務に何か変化があったのかみてみよう。

候長や燧の卒の最も基本的かつ日常的な職務は日迹である。五月の日迹簿は見当たらないが、冬至の日が含まれているはずの十一月の日迹簿が一例ある。

□月丙寅、卒莊禹迹、盡乙亥積十日。十一月丙戌、卒藉良迹、盡乙未積十日。

□盡乙酉積十日。●凡迹卅日、毋人馬出入塞天田迹。(E. P. T51: 522)

三十日間の日迹なので、初日は朔日と考えられる。十一月の朔日が丙寅になるのは竟寧元年（前三三）である（吉村論文所載表による）。竟寧元年の冬至は十一月壬午（十七日）であるため、簿中では卒の藉良が日迹した期間に含まれる。つまり卒が日迹を休むことはなかったと考えられる。

次に候長による日迹記録を捜してみると、断簡だが五月の記録がみつかった。

〼五月壬子盡辛巳積卅日、日迹從呑遠隧□〼

〼五月壬子盡甲寅積三日、日迹從呑遠隧〼（E. P. T51: 616）

五月の朔日が壬子になるのは五鳳二年、河平四年、元始二年のいずれかである。月の大小を勘案すると、五鳳二年、河平四年のいずれかにしぼられるが、そこまで確定せずとも、五月の三十日間、候長もしくは候史が休まず日迹を行ったことは明らかである。

資料が少なく心許ないが、たとえ夏至や冬至であっても、辺境の防衛活動の基本というべき日迹は行われていた。そもそも主に匈奴に対してその侵入を監視することを主体とした、いわば受動的な態勢をとっていたこの地域において、「寝兵」＝「軍事行動を慎む」ということがどのような実質的な意味を持っていたのか、想像するのは難しい。

むしろ、実際の行為、行事としてはあまり意味のない「寝兵」という言葉のもつ儀礼的な象徴性の方が重要だったとは考えられないか。つまり、中央が夏至という時節に際して儀礼的な行事を挙行しているということを、詔書に記して地方末端まで周知させることに意味があったのではないだろうか。そこで改めて、夏至という時節のもつ意味を考えたい。

前漢時代の世界観における夏至の意味

天文観測に基づく暦の算定において、夏至は冬至と並ぶ最重要の時節である。詔書冊中にも名がみえる当時の丞相の魏相（就任期間：地節三年〔前六七〕～神爵三年〔前五九〕）は、一年における陰陽の分岐点としての夏至、冬至を重視し、それを指標とした四季の統御を皇帝政治の要諦とする世界観、政治理念を表明している。

天地變化、必繇陰陽、陰陽之分、以日爲紀。日冬夏至、則八風之序立、萬物之性成、各有常職、不得相干。…君動靜以道、奉順陰陽、則日月光明、風雨時節、寒暑調和。三者得敘、則災害不生、五穀熟、絲麻遂、屮木茂、鳥獸蕃、民不夭疾、衣食有餘。若是、則君尊民說、上下亡怨、政教不違、禮讓可興。夫風雨不時、則傷農桑、農桑傷、則民飢寒、飢寒在身、則亡廉恥、寇賊姦宄所繇生也。臣愚以爲、陰陽者、王事之本、群生之命、自古賢聖未有不繇者也。（『漢書』巻七四魏相伝）

天地の生成運動は必ず陰と陽とに由来し、陰と陽の分岐は太陽によって示されます。冬至と夏至によって八風の秩序が完成され、あらゆる生き物のもつ本質が完成されてそれに基づく役割を果たし、それぞれの領分を侵犯することがなくなります。…君主が道にのっとり陰陽に従って行動すれば、太陽と月は輝き、適切な雨や風があり、時宜にかなった暑さ寒さがもたらされます。これらがきちんと整えば、災害は発生せず、五穀はみのり、繊維となる植物も育ち、草木は繁茂し、鳥獣が増え、民は病気や早死にすることなく、衣食にも余裕ができます。こうなれば、君主は尊ばれて民は喜びに満ち、上にも下にも怨嗟はなく、政治や教化に背く者もなく、礼節や謙譲の心が生じるようになります。一方で適時の雨風がなければ農業や蚕業の痛手となり、農業や蚕業が打撃を受ければ飢えや寒さが民を襲い、飢えや寒さが迫ってくれば廉恥の心は吹き飛び、ならず者が現れる原因になります。私は、陰陽とは王者の政治の根幹であり、生き物たちの生命線であるために、いにしえの賢者聖人も皆これに基づいてきたのだ、と考えます。

この中で夏至、冬至と結びついてみえる「八風」について、少し詳しくみておきたい。「八風」の観念は、秦漢時代の資料にいくつかのバリエーションをもって現れ、その一つが『淮南子』にみえる。そこには、九州を中心として同心円状に「八殯」「八紘」「八極」へと拡がる世界像が示され、その八極にある山と門の役割について、

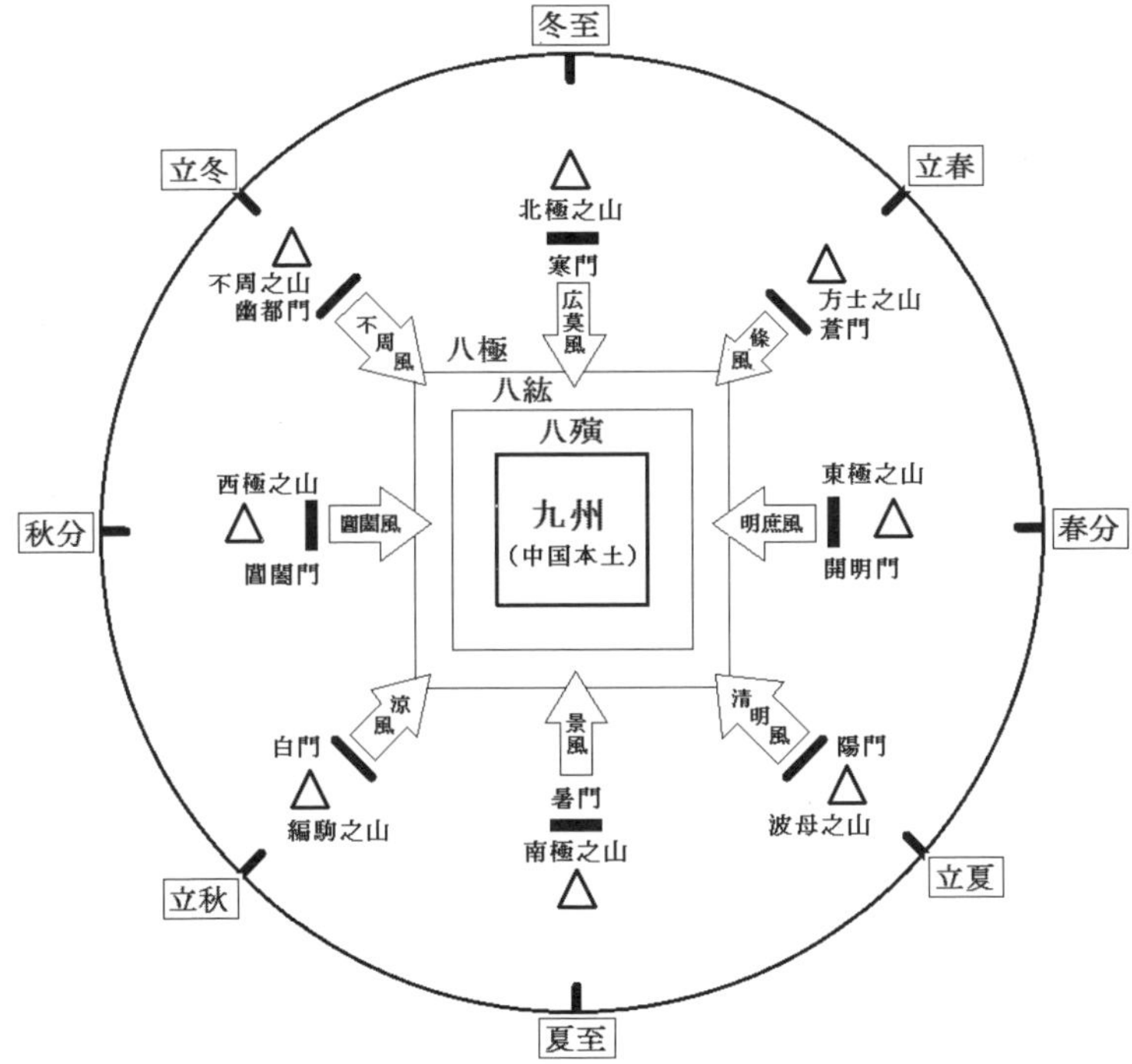

図4　『淮南子』天文訓・地形訓による八風概念図

凡八極之雲、是雨天下、八門之風、是節寒暑。（地形訓）

八極から湧き起こる雲が天下に雨を降らせ、八門から吹く風が暑さ寒さを整える。

とある。この八門の風が八風である。

また『淮南子』の他の箇所には、

何謂八風。距日冬至四十五日、條風至。條風至四十五日、明庶風至。明庶風至四十五日、清明風至。清明風至四十五日、景風至。景風至四十五日、涼風至。涼風至四十五日、閶闔風至。閶闔風至四十五日、不周風至。不周風至四十五日、廣

莫風至。（天文訓）（図4）

とあり、八風は一年三六十日で循環するため、それぞれ四十五日で交代し、その起点は冬至に設定されている。魏相の上奏にみえる「日の冬夏至、則ち八風の序立つ」とは、冬至と夏至とによって八風の循環が律せられることを言っているのである。そして一年を三六十日とする観念上、冬至と夏至の二至、二分、四立からなる八節のめぐりは、八風の交代と一致する。

八風の観念はまた、詔書冊の当時の宣帝より二代前、前漢の極盛期を現出した武帝の時に形成された、皇帝が天を祭る儀礼「郊祀」にも影響を与えている。魏相はそれに基づきつつ、陰陽説を盛り込んで陰陽の分岐点たる冬至と夏至とをとくに重視し、その時節を四時の循環を統御する時点として主張したと考えられる。

魏相の世界観、政治理念は、当時の中央政府のそれを代表しているといってよく、詔書冊の夏至の儀礼もそれに沿って策定されたものと考えて間違いないだろう。

再び夏至の儀礼、行事の意図

同じ漢代だが詔書冊よりも少し時代の降った資料には、夏至や冬至における「寝兵」「不聴事」の意味について次のような解説がある。

冬至、陽氣始動、夏至、陰氣始起、麋鹿角解、故寝兵鼓。身欲寧、志欲靜、故不聽事、迎送五日。（『続漢書』礼儀志中第五・仲冬・劉昭注引蔡邕『独断』）

冬至は陽の気が動き出す時、夏至は陰の気が発生する時で、シカの角も抜け落ちる。だから人間も武器を措くのである。身体は安寧にし、精神は安静にするのが望ましいので、政務を執らずに、前後の五日間、時節を送迎するのである。

「寝兵」「不聴事」といった象徴的行為が、陰陽の運動や四季のめぐりによって表される宇宙の循環運動に対する感応を目論んでいることは間違いない。詔書冊の夏至の儀礼には、皇帝以下、中央から地方の主立った官府でそれを実践し、そうした姿勢を下々にまで顕示する意図があったと考えられる。それは、気候の安定によって約束される農事成就と、それを条件として成り立つ社会の安定を責務とする王朝支配層が、その責務を果たす一環として儀礼を実践する姿を示し、支配の正当性に関する合意を下々に求めるものだったのである。

地方末端の官吏にとって、暦譜は各種の帳簿や記録、報告書の作成といった日々の事務に必要な道具であり、八節の意味は季節の節目という常識的日常的な範囲を超えるものではなかっただろう。その中において詔書冊の指令は、行政命令というよりは、宇宙の運動に人事を関連づけようとする国家の意志の宣言に近く、またそうした中央ないし上層の世界観を、年中行事を通じて教示する意味を持っていたと考えられる。

「臘肉銭簿」から

一九七〇年代の甲渠候官遺址の再発掘により出土した多くの漢簡の中に、「臘肉銭簿」と命名された、十九本の簡からなる文書がある（簡番号 E.P.F 22:202〜220、図5）。

具移部吏卒所受臘肉斤兩人
□□　見吏施刑臘用肉致斤
臨木候長上官武。十二月臘肉、直石二斗。十二月己未、女取。
□錢百廿。十二月庚申、婦母佳君取。
不侵燧長石野。　臘錢八十。十二月壬戌、妻君寧取。
呑北燧長呂成。　臘錢八十。十二月壬戌、母與取。
第十一燧長陳當。　臘錢八十。十二月乙丑、妻君閒取。

第卅二燧長徐況。　臘銭八十。十二月壬戌、妻君眞取。
俱南隊長左隆。　臘銭八十。十二月己巳☒
止北燧長竇永。　臘銭八十。十二月辛酉、妻君佳取。
第九燧長單宮。　臘銭　十二月辛酉、母君程取。
第四隊長王長。　臘銭八十。十二月己巳、自取。
☒臘銭八十。十二月庚午、君賦。
☒臘銭八十。十二月壬戌、妻君曼取。
☒臘銭八十。十二月辛酉☒
☒□　臘銭八十。十□☒
第廿九燧長鄭孝　☒　☒臘銭卅。十二月甲子、自取。
止北燧長宋並　☒

これは漢代西北辺境における、十二月の行事「臘」の実態を垣間見せる貴重な資料である。特に興味深いのは、辺境末端の官吏や卒が「臘肉」や「臘銭」を官より支給され、また場合によっては妻などの家族が代理で受領し、その出納が帳簿としてまとめられていた事実である。

図５　臘肉銭簿（図版：『居延新簡　甲渠候官』中華書局、一九九一年）

さらにE. P. T49: 14Bには、

〼臘者人名用錢數會月十一〼

…臘の人名と使用した銭額を…期日は今月の十一…とする。…

とあり、断簡であるために全体はわからないものの、臘に関連して人間の姓名と「臘銭」の額を期限までに提出することを求める内容と思われる。つまり、「臘肉銭簿」の冒頭部分とあわせて考えると、「臘銭」の出納帳簿は上級機関に報告されていたことがわかる。臘という伝統的習俗的祭礼において公の関与のもとで何が行われていたのか、以下に考えていきたい。

臘の情景

臘とは十二月に行われる、いわば一年の締めくくりの祭礼である。『史記』に、始皇帝による天下統一（始皇二六年）の後、臘の名称が「嘉平」と改められ、皇帝から民衆に賜物があった、とあるのは、臘が政策に関わって登場する最初の事例である。臘の別名「嘉平」は、統一秦期の地方官吏の墓葬の副葬品として出土した「始皇三十四年暦譜」に書き込まれており、当時においても年間の節目として重要な日であったことがわかる。

前漢時代に入ると再び臘の名称が用いられるようになり、県ごとに設置された公的祭祀施設である社（県社）の公式の祭日ともなった。

高祖十年春、有司請、令縣常以春二月及臘祠社稷以羊彘、民里社各自裁以祠。制曰可。

（『漢書』巻二五郊祀志）

高祖十年（前一九七）春、担当官吏が、各県に定例として二月と臘に社稷の祭祀を行わせ、その際の犠牲はヒツジとブタとすること、また民間の里の社では各自費用を負担して祭祀を行うことを要請し、裁可された。

これによれば、前漢のはじめより、県社では二月と、十二月の臘の時に所定の犠牲を用いて祭祀を行う、と定められていた。こうした公設の社が、西北辺境では候官や部に設置されていたことが、漢簡によって判明している（笠沙雅章「居延漢簡中の社文書」〔冨谷至編『辺境出土木簡の研究』朋友書店、二〇〇三年〕）。西北辺境において、こうした社で臘の時に祭祀が行われていた可能性が高い。

このように臘は地方官府で公的祭祀の行われる時節であったが、同時に民間の祭日でもあった。そうした臘の情景は、次のような記述から窺われる。

臘者、歳終大祭、縦吏民宴飲。（『続漢書』礼儀志中第五・冬至・劉昭注引蔡邕『独断』）

臘とは一年の終わりの大祭であり、官吏や民衆に宴会が許される。

非膢臘不休息、非祭祀無酒肉。（『塩鉄論』散不足第二九）

膢や臘の祭日でなければ人は休息しないし、祭りでなければ酒や肉は出てこない。

随母還家、正臘會同列十數人、皆美服盛飾、語言閑通。（『後漢書』列伝第二五鄭玄伝李賢注引

『鄭玄別伝』

鄭玄が母親について家に戻ると、正臘（年末の臘と新年の祝賀とを一連の行事としたもの）の行事に十数人が居並んでいて、皆きれいな衣裳で着飾り、優雅に語り合っていた。

これらには、臘に家族や親類、知人などが盛装して集まり、酒や肉を用いたごちそうをともにする宴会が開かれる情景が描かれている。こうした状況は、西北辺境地域にも共通していた。次の例は甲渠候官遺址より出土した書簡である。

弘叩頭多問。子長甚勞苦官事。閒者得毋它急。弘與子長邑子、二人取臘、不得相與共臘。…（157・25A）

わたくし弘がお伺い致します。子長どのにおかれましては官のお仕事に大変苦労されていることと存じます。近頃お変わりありませんか。私と子長どのとは同郷であり、二人とも臘の休暇を取ったものの、一緒に過ごすことができませんでした。…

臘への王朝の関与

臘はこのように漢以前から伝統的かつ広範囲に定着していた慣行だったが、一つの変化が武帝期にあったと見られる。先に検討した八節とも関連するので、少し触れておきたい。

太史丞鄧平說、臘者、所以迎刑送德也。大寒至、常恐陰勝、故以戌日臘。戌者、土氣也、用其日殺雞以謝刑德、雄著門、雌著戸、以和陰陽、調寒暑、節風雨也。(『風俗通義』巻八祀典・雄雞)

太史丞の鄧平が次のように解説している。臘とは刑を迎え徳を送るための時節である。大寒の節気がやってくると、陰の勢力が盛んになり過ぎることを恐れて、戌の日に臘の祭りを行うのである。戌とは(五行の)土の気であり、その日にはニワトリを犠牲として刑と徳にお礼をし、オスは門のところに掲げ、メスは戸のところに掲げ、陰陽を調和させ、暑さ寒さ、風や雨を調節するのである。

鄧平とは、武帝太初元年の太初暦策定の中心となり、その功により太史丞となった人物である。鄧平は、臘祭の日、つまり臘日に戌のつく干支の日を選ぶ理由を五行説で説明し、陰陽の交替に関連づけ、四季の気候の順調な運行において意義をもつものとして臘を定義している。そしてこの説と、太初改暦の際、漢が五行の徳のうち土徳の王朝であることを公式に確定したことは、間違いなく関連している。

その背景に、臘祭、臘日というものを節気と同じく四時の運行と関連させて再定義し、宇宙論的意味をもつその日の設定に国家が関与していこうとする政治思想を見出すことは大きな飛躍ではないだろう。このように再定義されたことにより、後に臘日の設定は王朝の文物制度の一部として、王朝の交代と共に変わっていくことになる。

臘の慣行としての賜物

やがて後漢に入ると、臘に際して賜物が行われるようになる。

建武中毎臘、詔書賜博士一羊。羊有大小肥痩。時博士祭酒議欲殺羊分肉、又欲投鉤、宇復恥之。宇因先自取其最痩者、由是不復有争訟。(『後漢書』列伝第六九儒林伝下・甄宇・李賢注引『東観漢記』)

光武帝の建武年間、臘のたびに博士たちに羊を一匹ずつ賜わるよう詔書で命じていた。ヒツジには大きいもの小さいもの、太ったもの痩せたものがあった。ある時、博士祭酒（博士を統轄する官）が、ヒツジを平等に割り当てるために、ヒツジを殺して肉を切り分け、さらにくじ引きをしようとしたので、甄宇はこの事態を恥ずかしく思った。そこで甄宇は自分から率先して一番痩せたヒツジを取った。これ以降、臘のヒツジをめぐる争いごとは二度と起こらなかった。

皇帝が賜ったヒツジは、これを供して臘を過ごせ、というボーナスのような意味合いであろう。臘における皇帝からの賜物は、やがて「臘賜」として制度化され、祭祀の費用として、中央官庁の官僚や諸侯に盛大に振る舞われた（『後漢書』列伝第三三何敞伝李賢注）。

一方、臘に際しての大盤振る舞いは、皇帝のみならず有力者によっても行われていた。後漢の第三代章帝の時、外戚馬氏の過剰な優遇を批判する第五倫の上奏中に、

竊聞、衛尉廖以布三千匹、城門校尉防以錢三百萬、私贍三輔衣冠、知與不知、莫不畢給。又聞、臘日亦遺其在洛中者錢各五千、越騎校尉光、臘用羊三百頭、米四百斛、肉五千斤。

（『後漢書』列伝第三一第五倫伝）

私が聞きましたところでは、衛尉の馬廖は三千匹の麻布を、城門校尉の馬防は三百万銭を私的に首都圏在住の官位を有する者たちに与え、面識のあるなしに拘わらず、もらっていない者はいないほどだった、とのことです。さらに、臘日にも官位を有し洛陽城内にいる者にそれぞれ五千銭を贈り、越騎校尉の馬光は臘のために羊三百頭、米四百斛、肉五千斤を消費した、とも聞いております。

とあり、馬氏一族が臘に洛陽在住の官僚たちに私的な賜物を盛大に行っていたことが指摘されている。これは、権力や財力を誇示するとともに、官界において贈与を介した私的な関係を広範囲に構築しようとする行為であったために、非難の対象となったと考えられる。本論の最初に紹介した細陽県令の虞延の事例を振り返ってみると、それは賜物ではなく恩恵的措置であったが、人心収攬策という本質は共通している。

こうした「臘賜」は、公的にしろ私的にしろ、前漢期の資料にはみられない。ただし、

臣之得罪、已三年矣。田家作苦、歳時・伏・臘、亨羊炰羔、斗酒自勞。（『漢書』巻六六楊敞伝・楊惲）

私が罪を犯して以来三年が経ちました。領地の農家が苦労して作業しているのをみ、季

節の節目や伏、臘には、ヒツジや仔ヒツジを料理し、多量の酒をふるまって私自ら労をねぎらっております。

とあり、領主である楊惲は、領民である「田家」に対し、臘を含む季節の節目に酒肉をふるまっている。地方官や領主にとって、民の生活において節目となる臘は、その支配者としての度量や恩愛を顕示して支配—従属関係を強化する契機となっていたとみられる。それは、社会的慣行を土台とした統治策と言えるのではないだろうか。

「臘銭」と「臘肉」

では、こうした主に典籍にみえる臘をめぐる慣行と、西北辺境の「臘肉銭簿」とは結びつくだろうか。まず「臘銭」とは何かみてみよう。

靈帝光和中、雒陽男子夜龍、以弓箭射北闕、吏收考問、辭、居貧負責、無所聊生、因買弓箭以射。…(劉昭注。風俗通曰、龍從兄陽求臘錢、龍假取繁數、頗厭患之、陽與錢千。龍意不滿、欲破陽家、因持弓矢射玄武東闕。)(『續漢書』五行志五第十七・射妖)

後漢霊帝の光和年間、洛陽に住む夜龍という男が矢を宮城の北闕に向けて射た。官吏が収監して取り調べると、貧乏で債務があり生活を頼るあてもないので、弓矢を買って射た、と供述した。……（劉昭注。『風俗通』に次のようにある。夜龍は兄の夜陽に臘銭をせがんだが、夜陽は夜龍が頻繁に銭をせがむのを嫌がり、千銭しか与えなかった。夜龍はこれが不満で、夜陽一家を陥れようとし、そこで弓矢をもっていって宮城の玄武東闕を射た。）

この「臘銭」は、臘の祭礼や宴会を充分に行うための資金とみることができる。その場合、先にみた後漢の「臘賜」が臘の消費に充当される銭物であったことに通じ、銭の場合に特に「臘銭」と称したと考えられる。

次に「臘肉」についてみてみたいが、これには典籍の用例がなく、少し厄介である。漢代には公的な祭儀に用いた肉を、神霊の福佑がこめられたもの（「祝釐」）として皇帝に差し上げる慣行があった。そして地方郡県の公的祭祀においては、主宰者となる各官府の長官が肉を受け取っていた。

九江太守龐眞、案縣令高受祭釐、有生牛肉二十斤、劾以主守盗上、請逮捕。詔、釐不贓。天下緣是、諸府縣社臘祠祭竈、不但進熟肉、皆復多肉米酒脯腊、諸奇珍益盛、是故諸郡府至殺牛數頭。（『太平御覧』巻八六三飲食部二一引『桓譚新論』）

九江太守の龐眞が管轄下のある県令の某高を取り調べたところ、祭䰜（祭祀の供物の肉）として生の牛肉を二十斤（五キログラム超）受けとっていたため、監督者でありながら横領したかどで告発し、逮捕するよう上奏した。これに対し皇帝は、祭祀の肉を受けとることは「贓」（財物を不正に得ること）ではない、という命令を下した。以後天下の郡や県の役所では、社で行う臘や竈の祭祀の際に、加熱調理済みの肉だけでなく、その他の肉、酒、穀物やその加工品、贅沢品を盛大に用いるようになり、その準備として役所ごとに数頭にのぼる牛をつぶした。

この事件から汲むべき点はいくつかあるが、まず、県社における、臘を含む諸々の祭祀の後には「䰜」、つまり供物の余りの肉が相当量出ていたことがわかる。そこから、県令などが受け取っていた祭祀の肉のうち、臘祭の時のものがとくに「臘肉」と呼ばれたのではないか、と推測しておきたい。

「臘肉銭簿」作成の背景

九江郡下の某県の県令は、祭祀の余りの肉を受け取ったかどで告発されたわけだが、なぜこれが横領とみなされたのだろうか。これと類似する、居延漢簡にみえる事例を通じて考えてみよう。

建始元年九月辛酉朔乙丑、張掖大守良、長史威、丞宏、敢告居延都尉卒人。言殄北守候塞尉護、甲渠候誼、典吏社、受致廛飯黍肉、護直百卌六、(誼)直百卌二。五月五日、誼以錢千五百、償所斂吏社錢、有書。護受社廛不謹。誼所以錢千五百償吏者審。未發覺、誼以私錢償□罪名。書到、如(E. P. T52: 99)

建始元年九月五日、張掖太守の良、長史の威、丞の宏が居延都尉どのに申し上げる。殄北守候・塞尉の護と甲渠候の誼は、吏の社祭を主管し、(供物の)廛飯と黍肉とを授受したが、護は銭額に換算して百三十六銭分、(誼は)百四十二銭分である。五月五日に誼は千五百銭でもって吏から徴収した社銭を返済したとの由。護は社廛(社祭の供物か)の受け取りについて厳正に行わなかった。誼が千五百銭で吏に返済したことは事実である。

まだ発覚しないうちに、誼は自分の銭で返済しているので、罪名は…。この文書が到着したならば、…。

「塵飯」「社塵」についてはよくわからないが、ここでは文脈から社祭の供物と考えておく。これは候官における社祭をめぐる事案で、臨時の殄北候・塞尉の護と甲渠候の誼について、社祭の供物の処置に関して不正があったことを太守から都尉に通知し、彼らの罪名の確定を含んだ処分を求めた文書である。

護の罪状である「受社塵不謹」とは、百三十六銭相当の供物を「受致」したことと考える他ない。誼の方には後日、吏から社銭を弁済した、という情状酌量すべき事情があるようである。祭祀の供物を厳正に（「謹」）処置することが主管者の責務であり、それは上級機関による監査の対象ともなったことがわかる。

これら二つの事例から、祭祀の主管者、主宰者が供物をそのまま取得することを不正行為とみなす向きがあったと推測できる。こうした祭祀の供物の処置に関して厳正、公平を求めた事例の背景には、供物、とくに肉の分配をめぐる慣行があったと考えられる。その慣行に関する事例として、前漢高祖の功臣の一人陳平の若い時のエピソードがある。

里中社、平爲宰分肉食甚均。父老曰、善、陳孺子之爲宰。（『史記』巻五六陳丞相世家）

里で社祭が行われた時、陳平は「宰」となり大変公平に肉を分配した。里の主だった人々は、陳くんの「宰」ぶりはなんと素晴らしい、と感心した。

一般的に祭祀をめぐってその供物を参加者に分配するという慣行、及びその際には公正を事とする倫理観が存在したとすれば、行政主導の公的祭祀の場でもそうした分配が行われた、と考えるのは不自然ではない。

陳平が肉を公平に分配して皆の満足と評価を得たように、祭祀の主宰者には供物を分配する倫理上の責務があり、「臘肉」はそのようにして分配、授受されたのではないだろうか。そして官が主宰する祭祀においては、分配の際に不正が発生することを監視するため、とくに帳簿が作成され提出されたと考えられる。それは、この地域において地方官が、臘などの時節の祭祀を通じ、下級官吏や卒との間に良好な上下関係を形成することを促進する意味を持っていたのではないだろうか。

「臘肉」と「臘銭」の関係についてもう一つ付け加えておくと、E. P. T52: 99 にみえるように、供物（穀物、肉など）は銭額に換算されて表示されることがあった。ここから推測すると、「臘肉」そのものが分与されることもあれば、穀物なども合わせ、相当する銭額で授受される場合もあり、それを「臘銭」と称したとも考えられる。いずれにしても、それらは受け取った個々人が臘を過ごすためのもとでとなり、あるいは日々の生活の糧として消費されたことであろう。

おわりに――年中行事と王朝支配

以上、二つの出土文書を手がかりとして、それぞれに記された年中行事の様相をみ、その政治的意義を考察してきた。

夏至に中央で挙行される儀礼的行事は、王朝公認の世界観、宇宙論に基づき、皇帝をはじめとする中央政府が四時の循環を統御しようとする姿を、支配の正当性の説明として地方末端にまで宣伝する意味を持っていた。前漢時代、夏至以外の節気にどのような年中行事が行われていたのか、現在窺い知ることはできない。しかし、王朝の公式な「時」を全国が共有していたさまは暦譜に集約されており、それに即して節気の儀礼を記した詔勅が送られてきていたとすれば、末端の人々の日常生活や仕事には関係がなかったとしても、人々の意識に文化的政治的なアクセントを与えることはあり得たのではないだろうか。そうして漢王朝の広大な版図に居住する人々に、文化的な価値観や一体感がゆるやかに醸成されていった、と想像することもできる。

一方、年末の臘はすでに広汎に共有され根付いていた生活の節目、慣行である。これを契機として、地方官は人々の個々の行事にまで気を配ったり、「臘肉」や「臘銭」を公平に分配したりすることで、支配者としての度量、能力を示した。その分配が、公的な祭祀の一段階として行われる際に監査の対象となったのは、地方官に対する信頼の揺らぎが、王朝支配全体に対する不信の萌芽となり得たからであろう。とくに辺境の軍事防衛線地帯においては、軍事色の強い組織内において上と下の緊密で堅固な信頼関係がより重要だったために、「臘肉銭簿」のような帳簿が重視されたのかもしれない。このような地方末端での比較的小規模な範囲での信頼関係、良好な支配—従属関係が厖大に累積され、暴力のみに依存しない皇帝支配の正当性を支えていたとも考えられる。

夏至や臘は、その宇宙論的な重要性は後付けであるとしても、その生活における節目としての重要性は漢代人全般に共有されていた。そのゆえにこそ、その節目の儀礼、行事は、社会的慣行を土台とし、またそれを取り込み、新たな解釈を加味しながら繰り返し策定され、社会の秩序、上下関係、支配—従属関係を形成しその正当性を説明するものへと、王朝の関与のもとで装飾されていった。二つの辺境出土文書はそのような年中行事に対する支配者のまなざしを伝えている。

「元康五年詔書冊」の下達について

質問：「元康五年詔書冊」は都の長安で書かれたものですか。その際、どのくらいの数量が作成されたのですか。

目黒：肩水候官遺址から出土した「元康五年詔書冊」は、肩水候官に勤務する書記官（令史）の某得が、上級官府から下達されてきた一連の命令書（①〜⑦）を全て書き写し、新たに肩水候官からの命令書として⑧を付け加え、さらにそれを下級官府（肩水候官管轄下の複数の部）に下達する際、控えとして手元に残した文書です。したがって、出土した「元康五年詔書冊」自体は長安で作成されたものではありません。

「元康五年詔書冊」のうち、①②③は皇帝の命令書、すなわち詔書であり、以下の④⑤⑥⑦⑧は全て、詔書を受け取った官府から、さらに下級の官府へと下達する際に付け加えられた命令書です。⑤は都にある最上級の官府である丞相府で、中央の諸官府や地方の郡太守府などへ下達する際に付け加えられた命令書ですので、ここまでの内容は確実に長安で作成されたことになります。漢代の地方の郡や王国の数はほぼ百五前後ですので、丞相府の書記官たち（少史の某慶、令史の某宣王、令史の某始長）は①②③④⑤の一連の命令書を、地方宛てだけでも百五通前後は作成したことになり、中央官府宛てを含めればもっと増えます。

質問：実際に末端の下級官吏まで文書が伝達されていたのでしょうか。

目黒：「元康五年詔書冊」は、地方の末端の官府にまで皇帝の命令が伝達されていたことを実証した資料です。『漢書』などの伝世文献史料で皇帝の命令として記録されるのは、「元康五年詔書冊」でいえば③までで、以下の官府ごとの下達の記録が残ることはほとんどありません。その残っていない記録、しかも地方末端まで辿り着く経路が示されている、という点で、この「元康五年詔書冊」は大きな発見でした。これは詔書だから特別、ということではありません。居延を含む西北辺境地域から出土した大量の行政文書群そのものが、漢代文書行政の徹底ぶり、周密さをまざまざと示している、といえるのです。

臘の慣行と「臘肉銭簿」の理解について

質問：臘肉はなぜ庶民に喜ばれたのでしょうか。臘肉を配ることで「人気取り」ができたのはなぜですか。

目黒：漢代では、庶民はお祭りやお祝い事の際にトリやブタをごちそうとして食しています。また、皇室の慶事などの場合に、皇帝から庶民へ牛肉や酒が特別に下賜されることがありました。そういったことから、とくに牛肉は、日常的には食べる機会の少ない「特別なもの」であり、牛肉をいただけることは庶民にとっては喜ばしい、恩恵であったと考えてよいでしょう。

臘肉も、全てとはいえませんが牛肉の場合が多かったと考えられます。また、いったん祭祀の供物に捧げられた肉にはやはり呪術的な、「祝福された」肉という付加価値が生じます。そうした祝福された肉を示す「祝釐」という言葉もあります。日本風に言えば「縁起の良い」肉、ということになるでしょうか。したがって臘肉をもらうということは、肉の希少価値と呪術的意味との両方の点から、庶民にとっては恩恵であったといえます。

質問：辺境地域で臘の時に賜与があるということは、中華思想と何か関係があるのですか。

目黒：「臘肉銭簿」は西北辺境地域から出土し、それによってこの地域で臘の際に賜与があったことは確認できます。そこから、この賜与はこの地域の円滑な統治に寄与するものだったのではないかと考えてみたわけです。しかしその統治とは、あくまでこの地域で生活していた漢族の主だった官吏とその部下、家族との間の関係の問題であり、そこに異民族の姿は見えません。現在ある資料では、臘肉の賜与の対象に異民族は含まれておりません。したがって、中華の王朝が異民族の服従と引き替えに富や文化を分与することを含む冊封体制や朝貢体制の萌芽は確かに漢王朝の政策や儀礼制度中にもみえますが、それとこの地域の臘の賜与とは切り離して考えるのが妥当です。

質問：臘祭の資金はどこから支出されたのですか。その支出元と、報告書としての「臘肉銭簿」の提出先とはどのような関係にあるのですか。

目黒：これは非常に難しい質問です。実際のところ、臘祭の運営についてはほとんどわからないのです。地域の官府が臘祭や社祭など何らかの祭祀を主宰する場合、その運営資金には公金、つまり税金として徴収され中央に送られる銭物の一部が地域の公的財源として留め置かれたものの中から支出される局面と、その官府の主だった官吏たちの共同醵金が当てられる局面とが混在しており、これらをどのように考えるか、大きな問題です。

「臘肉銭簿」は西北辺境の候官という官府で作成された臘肉や臘銭の出納記録であり、それが上級の都尉府に提出されたことまでは確かです。ただ、候官に都尉府への報告が義務づけられた理由は、祭りの資金が公金であったためとは限りません。西北辺境出土漢簡には官吏や戍卒が関係する数多くの出納関係の記録がみえますが、それらは彼らの間の銭物のやりとりそのものを、私的と思しきものまで含めて記録しています。これには、ある程度監視することで、官吏や戍卒の間の金銭トラブルを避ける目的があったと考えられます。「臘肉銭簿」作成の目的も、そういった文脈で捉えられるのではないかと思います。資金の出どころに関係なく、分配そのものが公平に行われたことを証明するために「臘肉銭簿」は作成され、その公平さが官吏の人格、能力評価に影響していた、と現在のところ考えています。

質問：「臘肉銭簿」が出土した甲渠候官は辺境地域の軍事拠点の一つですが、そこでの官吏や戍卒の祭祀や宴会は、民間の祭祀や宴会と同じものなのでしょうか。

目黒：候官は辺境に置かれた軍事的性質の強い官府ですが、漢代の内地一般の行政単位でいえば県に相当し、さらに所属の兵卒だけでなく、周辺の住民の把握、管理などにも携わっていた形跡があります。前漢の初めに、県ごとに祭祀施設「社」を設け定期的に祭祀を行うことが規定されておりますので、これが候官にも適用され、祭祀やそれに付随する宴会、賜物が行われたのでしょう。内地では「臘肉銭簿」のような記録が存在しないため、臘肉賜与が辺境特有の行事なのか、内地でも同じだったのか、確認できませんが、ただし現在のところ、辺境の「社」の祭祀や臘祭に特別な軍事的色彩を見出すこともできません。

辺境、内地に関わらず、官府が主宰する祭祀と民間のそれとを安易に同一視すべきでないのは確かです。厳密に分けなくてはいけない局面もあります。ただ官府の祭祀も民間のそれと全く遊離したものではないでしょう。共通の慣行の中で、精神的な土台を共有しているとの考えから、その共通の部分に祭祀や賜物を通じた統治の実態の手がかりを求めてみた、ということです。

年中行事と皇帝支配との関係について

質問：国家が主導する年中行事や季節の儀礼は、かつては農民の慣習や生活知識だったものを、統治者が理論化を加えつつ取り込み、独占していったものなのでしょうか。

目黒：漢代に王朝儀礼となっている種々の年中行事は、一年の農業の進行に影響を与えるような、季節、気候の運行に関わる儀礼が多いことから、多くが農耕民の知識や慣習に起源することは確かでしょう。経書の一つ、『礼記』月令篇には十二ヶ月それぞれにおいてなすべきこと、逆にしてはならないこと（禁忌）などが詳細に書かれており、漢代の儀礼や法律にも影響を与えていますが、これは農耕社会で千年以上にわたり培われてきた知識の総合の上に、五行説などの抽象的な理論によるアレンジが加わったものであるとも言われています。皇帝は宇宙に関わる抽象的全体的理論に基づいて国家儀礼を挙行し、社会の安定と安全とを保証することで支配の正当性を得ようとします。ただ、民間レベルで季節の行事や祭祀などをその地域旧来のままで行うことは、公序良俗に著しく反すると判断されるようなものでない限り、禁止されることはまれです。その意味で、統治者が儀礼や行事を独占し、万事を仕切っていたとはいえません。

　私は庶民が社会生活を営む上で、整然と理論化されていなくても、自分たちなりに季節の行事、儀礼や祭祀の慣行の重要性を知り、各自で実践していただろう、ということが重要ではないかと思います。社会に根付いているそういった慣行に統治者がのっかることが、支配を受容させ、統治を円滑に進めていく方法の一つだったのではないでしょうか。

質問：夏至の行事は詔書によって命じられているにもかかわらず地方末端では徹底されなかったということと、臘の際に地方官が地域社会に対して顔色を伺うような恩恵的措置を施していることとは、ともに皇帝ないし官の支配力の弱さと地域社会の強さを示しているのではないでしょうか。

目黒：まず、今回とりあげた「元康五年詔書冊」の夏至の儀礼、行事と「臘肉銭簿」から、皇帝支配の貫徹の度合いを測ることはできないと思います。「元康五年詔書冊」のような、季節の儀礼、行事の挙行に関する命令書は他に例がありませんが、ただしこの西北辺境地域から出土した同時期の様々な行政文書をみてみると、各種の行政命令は相当厳密に行われていたといえます。したがって、特殊な「詔書冊」のみをとりあげて支配力が弱いと判断するのは適当ではありません。また「臘肉銭簿」は臘に際して下級の官吏とその家族に銭物の賜与があったことを示しており、それは漢代を通じてみられる、臘を契機として地方官と庶民との間に恩恵的措置を介した関係を形成する慣行と合致すると推測しました。しかし、この辺境での銭物の賜与の背景に、実際にはどのような力関係があったのか、地方官が上位なのか、それとも民間の何らかの勢力の方が上位なのか、そういった生々しい事情を「臘肉銭簿」自体から読み取ることはできません。

漢代において、実際の社会的な力関係は地域によって千差万別であったと考えられます。その中でも西北辺境地域は入植地、軍事拠点という性質上、官による統制の強い地域と考える向きもあります。臘の恩恵的措置の意義も、そうした個別の事情によって地域ごとに異なる可能性は大いにあり、今後も新出資料などを注視していくことが必要だと考えています。

質問：夏至の儀礼や臘の行事は、王朝支配の正当性を示すものとして漢代以降にも継承されていったのでしょうか。

目黒：漢代に行われていた夏至の日に火を改めたり井戸を浚ったりする儀礼的な行事は、次の三国時代以降の諸王朝には継承されなかったようです。ただ、暦の始点（つまり宇宙的時間の更新時点）である冬至と対になる夏至の重要性は、この両日を歴代王朝における最大の国家祭祀である天と地の祭祀の日とする制度の形成によって、より高まっていきました。

臘の方は、三国時代以降にも継承されていきます。漢代、武帝の太初改暦（紀元前一〇四）以降は臘の日を十二月の戌の日とすることが決められ、その背景には、五徳終始説（五行説）によれば、漢王朝の徳が五行（木・火・土・金・水）のうちの土徳に当たること、十二支のめぐりと五行のめぐりとの対応関係において、土が盛んな時間が終わるのが戌の時であるため、これを臘の日にすべきという理論がありました。こうした理論に基づき、漢以降、宋に至るまでの諸王朝は、自らが相当する徳によって臘日の設定を変え、またこの日に宮中で大規模な祭祀を行いました。それは、臘が抽象的宇宙論の一角に取り込まれ、宇宙の運行に即した統治を行うという王朝支配の理念において重要となったことを意味しています。

ただ、漢代にみられた臘の際しての賜物や、それを介した関係の形成などがどの時代まで続くのか、それは今後追跡してみなければなりません。そして庶民の間での年末の祭礼としての臘（蜡とも書かれる）は長く保存されますが、現在の暮れから新年の祭礼、行事、つまり春節とどう繋がり、またどう違うのか、こういったことも別途考えていく必要があります。

木札が行政文書となるとき

――木簡文書のオーソライズ――

土口史記

はじめに

いつの頃のものか定かではないが、とある夢占いの書にこのようにある。

木札とは推挙のこと。木札を得る夢を見たなら、官吏に推挙される。（『太平御覧』巻六百六所引「夢書」）

この占いでは、「木札を得る」という夢が、官吏になることの予兆として用いられている。木札なるものがなぜ、「官吏になること」の予兆となりうるのであろうか。

およそ占いなるもの、予兆とその結果とは微妙なバランスで結びついているものである。予兆としての夢があくまで何かを表す「象徴」でなくては、占いとして説得力を持たないが、その象徴があまりにストレートでは（例えば「子どもを授かる夢を見れば、子どもを授かる」）いかにも神秘性に欠け、占いとしては失格であろう。夢と現実との関係に、「一ひねり」が必要なのである。

そう考えてみると件の夢占いは、「木札＝官吏の象徴」という認識があまり一般的ではなくなった時代に成立したものではないかと推測される。これに対して、本稿で語ろうとしているのは、かの夢占いが作られる「以前」の時代である。「官吏を象徴するものは木札だ」と言って何のひねりもない時代がかってあった。役人が日々行う業務で大量に生産され、郵送され、あるいは処分される文書が、すべて木札というモノに書かれていた、木札こそが役人にとっての「書類」であった、そういう時代である。言うまでもなく、かの夢占いの時代には、それは「紙」に取って代わられていたはず、ということになる。

古代「帝国」などと称される漢王朝の時代、文字情報を載せた木札、すなわち木簡が、帝国の巨体を動かすための血液として生成され、中央から地方、あるいは地方から中央へと循環した。命令・報告・連絡などさまざまな局面で情報伝達を担う媒体が、帝国領域の隅々にまで行き渡る行政文書に他ならない。

木札でできた文書が指図することが実効性を持つ、それによってまさしく「政を行う」ためには、最低限の前提として、そこに載せられた文字情報が真正であること、つまり文書が「にせもの」ではないことが担保される必要がある。漢代の法律にも、「偽書を作成したものは、黥城旦舂に処する。」（二年律令・賊律13）とあり、文書の偽造に対しては「黥城旦舂」（入れ墨して労役を課する）なる刑が科せられた。古代帝国がいかに文書の真正性を重視していたか、その一端が垣間見えるだろう。

このように文書による行政の遂行には、文書の真正性が最も初歩的でありかつ最重要の前提となる。では、木簡の行政文書が偽造ではないということを証明するには、どうすればよかったのだろうか。木札というそれ自体としては全く珍奇でない、言ってしまえば「誰にでも作れる」物体が、行政文書として真正なものであり、信頼性、権威、効力を持っていることを保証するために、どのような手段が取られていたのか、それがここで取り扱いたい問題である。

木簡が行政文書としての信頼性を持ち、効力を持ち、権威を有するようになることを、ここではひとまず「オーソライズ」と称しておこう。それはとりもなおさず、行政文書によって「人を動かす」ための前提条件となる。木札を行政文書としてオーソライズするための手段、ここで具体的に取り上げるのは、①書式、②封印、③署名である。今日でも、公的な文書を作成する際、定まった書式・テンプレートの通りに作成し（①）、捺印（②）あるいは署名（③）を加えることは、文書の信頼性を確保するための手段として日常的に目にするところである。現代の我々にとってもきわめて身近で現実的なこれらの方法は、二千年以上前の漢王朝時代――「木簡の時代」――においては、どのような形態をとり、どのような意味を持って存在していたのだろうか。

第一節　書　式

漢代当時、「木札」＝行政文書によって象徴されるべき存在であった官吏にとって、文字の読み書きはもとより、行政文書の「書式」に通じておくこともまた必要な能力のひとつであった。そのため文書の書式見本（テンプレート）が作られ、官吏の手元に置かれていた。その書式見本の通りに書くことが、公文書としての体裁を整えることを意味したのであり、それによってそれが真正なる文書であることが初歩的にだが保証される。漢代辺境において出土する漢簡の場合、書式見本とそれに対応する実例の双方が見られ、既にいくつかの研究論文が取り扱っているところである。(1) 以下、先行する研究の成果に拠りながらいくつかの例を取り出して見ていこう。

Ⅰ　兵卒の身分を記すリスト

漢代辺境の軍事組織においては、そこに所属する兵卒のリスト（名籍）が大量に作成されていた。その場合の書式見本は、次のような形式となる。

【資料①】

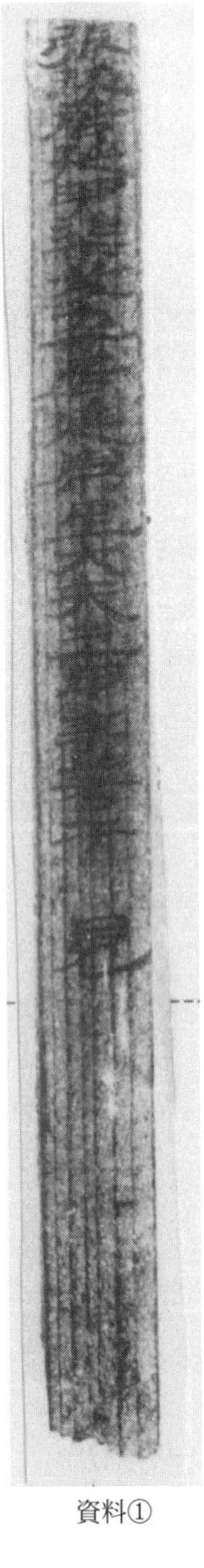

資料①

張掖居延甲渠戍卒居延宗里大夫王甲、年若干。見。（61・2）

張掖居延甲渠の戍卒である居延（県）宗里出身の大夫（爵位）王甲、若干歳。見。

ここで注目されるのは人名やその年齢が「王甲」（人名）、「年若干」のように変数として表示されていることであって、そのことが、この木簡を書式見本であると断定する根拠となる。現代の書式見本における「京大太郎」の類がこれにあたる。こうした語彙に注目すれば、次のような断片的な簡、

⧄延□里公乘王甲、年若干。⧄（38・2）

であっても、同様に書式見本であったとみなしうる。簡が断片であっても特徴的な語彙からそ

の簡の性格を知ることができるのである。

さてこうした変数に、「個人情報」を代入することで、必要なリストが作成できるという寸法になる。この見本に依拠して作成されたのが次のような簡である。

戍卒張掖郡居延當遂里大夫殷則、年卌五。（133・9）

戍卒張掖郡居延昌里大夫趙宣、年卅。（137・2）

なお、資料①の末尾には「見」と記入されていた。これはその勤務地に現（見）に居るということを示す。「見」が記入された簡には、

武賢燧卒郭幷。見。（E. P. T43: 71）

逆胡卒褒。見。（224・20）

などがあり、これは兵卒が配属場所に出勤していることを報告するために用いられた名籍と考えられる(2)。見本に比べると、兵卒の出身地や年齢、爵位が欠けているが、日々の出勤報告のなかではこうした情報をいちいち記入するのは繁雑なため省略されたものであろうか。

II　掛け売りの証明書

漢代辺境では、官吏や兵卒、一般民のあいだで、様々な物品が売買されていた。とくに貰売（掛け売り）の場合、金銭が後払いでやりとりされるため、それに備えて売られた物品や値段、関係した人物などの情報を記した証明書が作成された。その見本が、

【資料②】

資料②

戍卒魏郡貝丘某里王甲　貰賣□皂復袍縣絮緒一領、直若干千、居延某里王乙☐
居延某里王丙、舍在某辟。　●它衣財☐　(E. P. T56: 113)

戍卒である魏郡貝丘某里の王甲。□皁復袍県絮緒一領、値段は若干千を、居延某里王乙…に貰売した。（保証人の？）居延某里の王丙、居宅は某辟にあり。●它衣財…

である。やはり「王甲」「王乙」「王丙」といった人名、「若干千」（値段）、「居延某里」（地名）といった変数[3]が見え、書式見本たるべき性格を備えている[4]。

　では衣類を貰買した証明書の実例を見てみよう。

【資料③】

資料③

察微燧戍卒陳留郡傿寶成里蔡□子。七月中、貰賣縹復袍一領、直錢千一百、故候史鄭武所。

(E. P. T51: 122)

【資料④】

戍卒東郡聊成孔里孔定。　貰賣劍一、直八百、觻得長杜里郭稺君所、舍里中東家南入、任者同里杜長完前上。

(E. P. T51: 84)

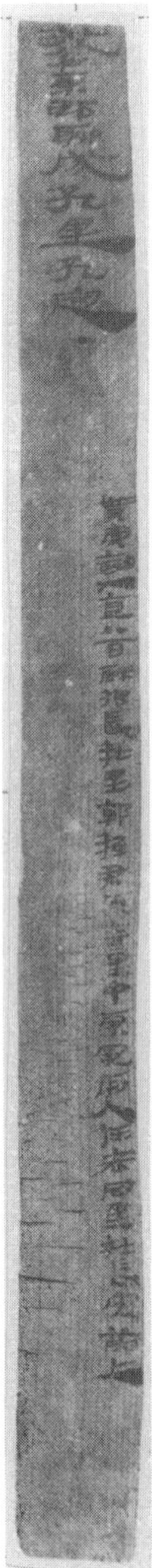

資料④

これらの簡が、書式見本たる資料②に即して（固有名詞を除き）一字一句違わずに作成されているかというと、そうではない。資料③では「七月中」という時期が加わっている一方、保証人の記載を欠いている。このように、見本とそこから作成される実際の文書との間では、多少の項目の出入りが存在する場合があった。

見本と実例の間に違いがある、つまり実際の文書が見本そのままには作成されていないということは何を意味するのであろうか。もちろん、見本通りでないとは言っても、そこから大きく逸脱するようなものではない。ただ、業務の効率を考えるならば、書式見本にこそより多くの項目を予め列挙しておくことが必要であったのではと推測される。実際の文書を作成する際にはそこから削っていく方が、新たに項目を創出するよりも簡単だからである。(5)

Ⅲ 「功労案」（勤務評価書）の見本

【資料⑤】

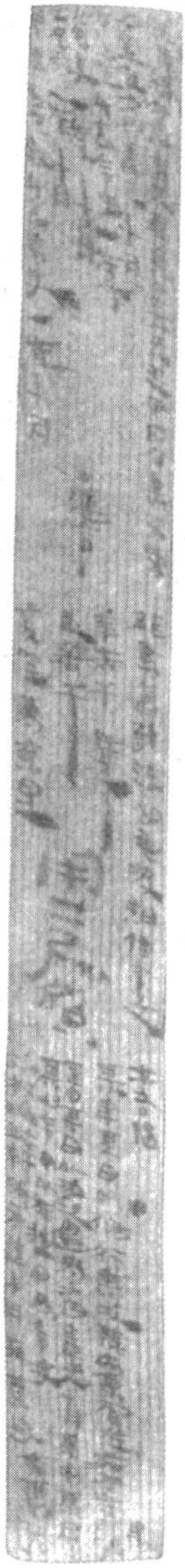

資料⑤

敦煌縣斗食令史萬乘里大夫王甲自占書功勞　能書會計治官民頗知律令文　不告歸　某年
爲敦煌少内嗇夫十月　年若干歳　某年某月以修行書次除爲某官佐若干歳月日
爲敦煌斗食令史一歳　長若干　某月某日以功次遷爲少内嗇夫十月某年某月
凡爲吏一歳十月　應令　用二尺質　某日令甲以能授甲爲令史　●産某郡某縣
大凡勞一歳十月　敦煌萬乘里　列上各案
今爲敦煌縣斗食令史一歳十月　占本始四年功勞訖十月晦某日

（IDXT0309③：049A）（6）

上段：敦煌県の斗食令史である万乗里の大夫王甲が功労について自己申告します。敦煌少内嗇夫となって十か月、敦煌斗食令史となって一年、官吏となって合計一年十か月、労の総計は一年十か月。いま敦煌県斗食令史となって一年十か月。

中段：書・会計に通じ、官民を治め、律令を熟知。文。年齢若干歳、身長若干、令の規定に適合。用二尺質（未詳）。敦煌万乗里に居住。
下段：帰省の休暇は未取得。某年。某年某月、文書送達順序を修得したので某官佐に任命され、若干歳月日。某月某日、功次によって少内嗇夫に転任、十月。某年某月某日、甲をその能力によって令史とする。●某郡某県に産まれる。以上各項目について列挙して提出します。本始四年（前七〇、前漢宣帝期）の功労、十月末の某日までを申告。

この簡は履歴書と勤務評価書がセットになったようなもので、上段には提出者の身分・名前と官吏としての勤務年月が、中段には能力評価と年齢・身長・現住所などが、下段には休暇取得状況と就職日を明記した職歴、提出日などが記されている。

これは自己申告の文書（自占書）ではあるが、簡の右端に「能書會計治官民頗知律令」（書・会計に通じ、官民を治め、律令を熟知）という能力評価の文言が見られる。こうした評価の語までもが、書式見本に記入済みであるという点に注目されたい。この書式に基づいて作成される実際の文書でも、

【資料⑥】

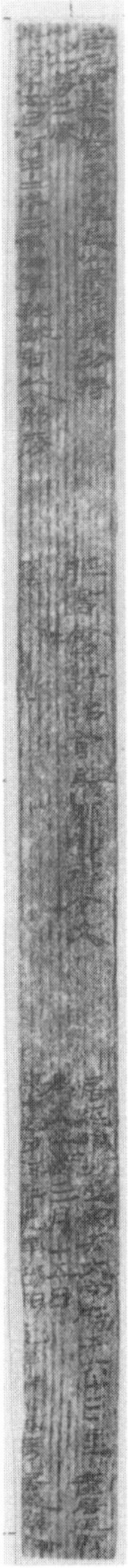

資料⑥

居延甲渠候官第十燧長公乘徐譚功將　能書會計治官民頗知律令文　居延鳴沙里家去大守府千六十三里産居延縣
中功一勞二歳　爲吏五歳三月十五日
其六月十五日河平二年三年四年秋試射以令賜勞　□令　其十五日河平元年陽朔元年病不爲勞　居延縣人
(E. P. T50: 10)

のように、「能書能書會計治官民頗知律令」という全く同じ文言が見える。本来こうした個人に対する評価の文言は、それぞれの個別的、具体的な能力に対してさまざまに考案されるべきだが、大量の文書作成が義務づけられた漢代の行政においては、こうしたいわば「テンプレート化した表現」が業務の効率化のためには有用であり、また必要だったのであろう。(7)

現在確認されている書式見本の種類は以上にとどまらないが、おおよその状況は了解いただけたであろう。本稿の主旨から述べれば、このような専門的な行政文書の書式が存在したことは、初歩的にではあるが偽造の防止につながったと考えられる。少なくとも見本通りの作成が求められる文書の場合、その見本から外れた文書は「規格外」ということになり、その有効性に疑問をもたらすからである。

とはいえ、書式見本が作成された第一の目的は、何より事務処理の標準化、文書作成の効率化という点にあるだろう。つまり、業務をルーティン化することによって、効率向上を図るのである。ルーティン作業に精通することが官吏にとって非常に重要な能力であったことは、現代と変わりない。

ただこのように考えたとき、同時に予測されるのは書式見本の「負の効果」である。業務の効率化が進みそれがルーティン作業となったとき、そこには緊張感の低下やマンネリ化が避けがたく伴ってくる。資料⑤、⑥に見た通り、本来は個別具体的に考案されるべき、個人に対する能力評価の文言すら「テンプレート化」しつつある状況が存在した。容易に想像されるように、テンプレート化した表現が現れ出すと、その先には言葉の形骸化という問題が待っている。文書行政が高度に発展した漢王朝のもとでは、その形骸化、空洞化もまた避けられない趨勢であった。それは、書式見本などの工夫によって業務の効率化を大いに発展させた漢代人の宿命であったと言えるだろう。前漢の宣帝がその晩年に出した詔書にはそれに対する危機感がよく現れている。

業務報告の帳簿類は、ただ文を整えただけ（で内実が備わらない）。つとめて嘘偽りを記し、悪い評価を逃れようとしている。（『漢書』宣帝紀、黄龍元年（前四九））

第二節　封　印

オーソライズ手段の第二として取り上げるのは、「封印」である。漢代の官吏は、常に自身の官印を佩び、行政文書はそれによって封印されたうえで発送された。

印は信なり。物に封して信験と為す所以なり。（『釈名』釈書契）

という語が示すように、封印とは単なる密封であるだけでなく、同時に信用の証でもあった。官職名が鋳込まれた印でもって文書を封印することで、文書発信者の身元が保証され、その信用が文書にそのまま賦与される。いわば発信者の信用が文書に乗って運ばれるのである。文書のオーソライズ手段としてはもっとも強力なものと言ってよいであろう。

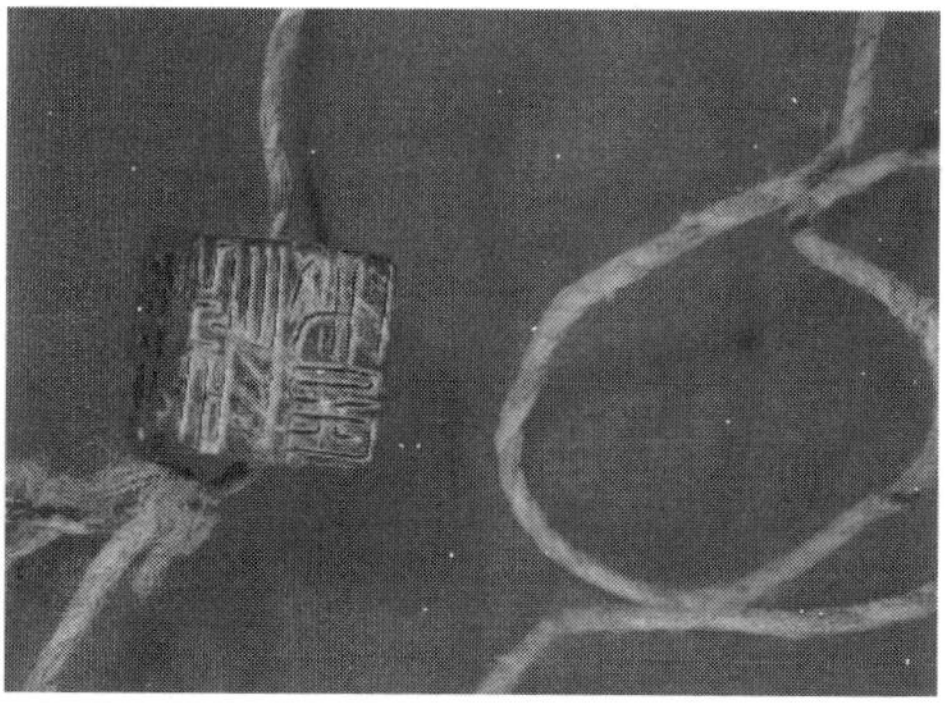

図１　敦煌懸泉置出土「候長」印

官印の取り扱い

そうした重要性に反映して、漢代当時の法律には印の取り扱いに関するいくつかの規定が見られる。湖北省江陵において出土した漢代初期の法律文献である「二年律令」には次の条文がある。

> 印を紛失したならば、罰金四両。役所に布告して、その紛失印で受理しないようにする。（二年律令・賊律51）

この漢律によると、印の紛失には罰金四両が科せられ、さらに紛失した印が第三者に流用される事態を防ぐため、「亡印」の事態が生じたことを周囲の役所に布告するという。印の所在が明らかになるまで、あるいはその印が再発行されるまでの間、紛失印の効力は暫時停止されたのであろう。秦代の木簡に、効力停止を解除する布告と思われるものが残されている。

> 衡山郡太守の章が通告する。衡山發弩丞の印が紛失したが、あらためて刻印させた。（里耶秦簡 8-1234）

印を再発行したので、その印の効力が復活し、ひいてはそれを使用した文書が有効なものとして受理されるようになるということを伝えるものである。

とはいうものの、次のような漢簡の記述を見ると、亡印の場合は文書を受領しないという規定がどの程度厳密に実行されたのか疑問に思えてくる。

【資料⑦】

☐官行者走。亡印以私名姓封。（E. P. T56: 56）

…官あて、行者走。印を紛失したため私姓名（の印）で封した。

印を紛失（亡印）したが、いわゆる「私印」（官職名のない、個人名のみの印）によって封印した旨がこの簡には記されている。となると、官印を紛失した時には応急的に私印で代替するという事態もありえたということになる。このようなときは、文書に「亡印」の事態をあらかじめ書いておくことで、その文書は正当なものとして受理されたのであろ

資料⑦

うが、それでは前述の「紛失印で受領しないようにする」という漢律は、このとき有名無実化していたのであろうか。これについては時代と地域の差異、あるいは辺境軍事組織という特殊条件など、さまざまな背景を想定しなければならず、漢律の有名無実化ということで簡単に片付けることはできない。

今ひとつ、印にまつわるエピソードを紹介しておこう。漢代の汝南郡慎（愼）陽県（現河南省正陽県）は、もともと「滇陽県」という地名であった。ところが後漢明帝の時代、当地の印（県長官の印であろう）は一度紛失している。

永平五年（六二）、印を失い更めて刻し、遂に誤りて水を以て心と為す。

（『漢書』地理志上師古注所引闞駰説、『史記』高祖功臣侯者年表索隠）

「誤りて水を以て心と為す」というのは、印文の地名「滇」陽を、誤って「愼」陽の字にしてしまったことをいう。のちの文献でもこの土地は本来誤字であるはずの「愼陽」として記載されるが、印紛失のエピソードが事実だとしたら、紛失後に作成し直した印の誤字がかえってそのまま新たな地名として定着してしまったということになる。何とも気の抜けた話であり、厳格な取り扱いが求められたはずの官印のイメージにはいかにもそぐわない。ただこれは印文を鋳する際に生じたミスであり、(8) いざ作成されてしまった以上、その現物はやはり丁重に、厳格に扱わねばならない。そして、現実にあるその印の方が実際の効力を持ち、地名表記の方が変化してしまったわけで、むしろ印そのものが持つ権威が現れた逸話と言うこともできるだろう。
次に掲げるのは印の偽造に関する「二年律令」の条文である。

皇帝信璽、皇帝行璽を偽造したならば、腰斬して…みせしめにする。（二年律令・賊律9）
徹侯の印を偽造したならば、棄市。［…中略…］小官印を偽造したならば、完城旦舂……
（二年律令・賊律10）

意図しない紛失と違い、印の偽造は、故意による犯罪であることは言うまでもない。そのため、罰金に留まった印の紛失に比べて重い刑が設定され、最高位の印、すなわち皇帝印の偽造に至っては腰斬すなわち死刑が科せられることになっていたのである。

辺境簡における印

現実にどう扱われるかはともかくとして、官印には行政文書の信頼性、情報伝達の信頼性を担保するという重要な役割があり、少なくとも理念上は厳格に扱われるべきことが求められていた。それでは、漢代行政文書に用いられた官印とはどのようなものであったか。木簡が行政文書の材料であった時代、文書に直接押印するということは行われず、木簡に付着させた封泥といわれる泥の塊の上に押印するのが一般的であった。漢代の木簡には、その封泥を受けるための槽（封泥槽）をもつものがあり、そこには宛名が書きこまれ、文書と一緒に束ねて送信される。宛名表示と封緘の役割を持つそうした簡のことを「検」と呼ぶ。

その一例が次の簡である。合わせて注意しておきたいのは、漢代辺境で使用された官印の実物が存在しないわけではないが（図1）、印の使用状況を我々に教えてくれるのはむしろ、簡に記録された印文の「写し」であるということである。

【資料⑧】

甲渠官

楊音印

正月丙寅卒便以來（4・29）

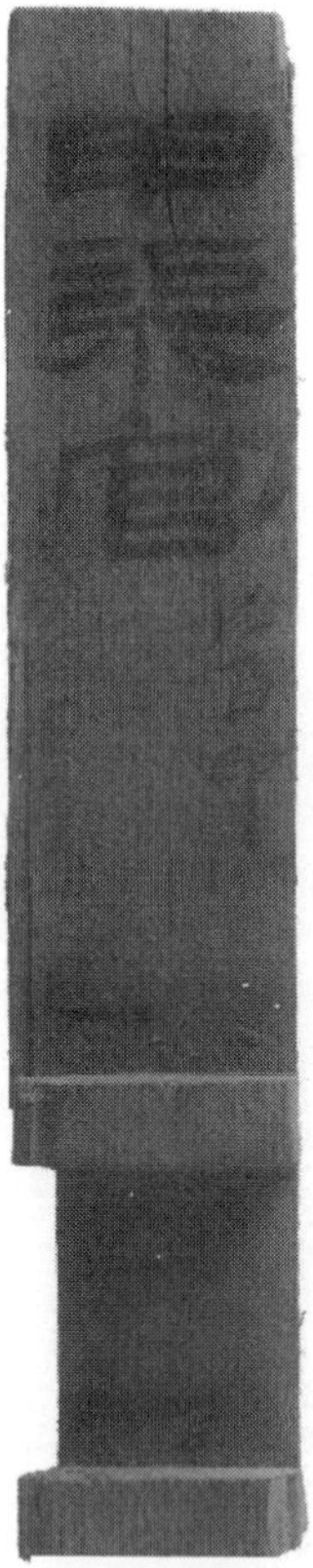

資料⑧

上段に「甲渠官」という宛先を大書し、その下段に小さな文字で記されているのは印文の写し（「楊音印」、この場合は私印である）と到着日時（「正月丙寅」）・配達者の名（「卒便」）である。上段と下段とで筆跡が異なるが、それは上段の宛先がまず発信機関において書かれたうえで送られ、文書が到着した段階で下段の文言が受信機関によって書き入れられるという、異なる場所での二段階の記入を経ているからである。

一方で、上記のような槽を持たない検や、次のような箇の場合、箇に直接封泥を縛り付けてその上に押印したようである。

【資料⑨】

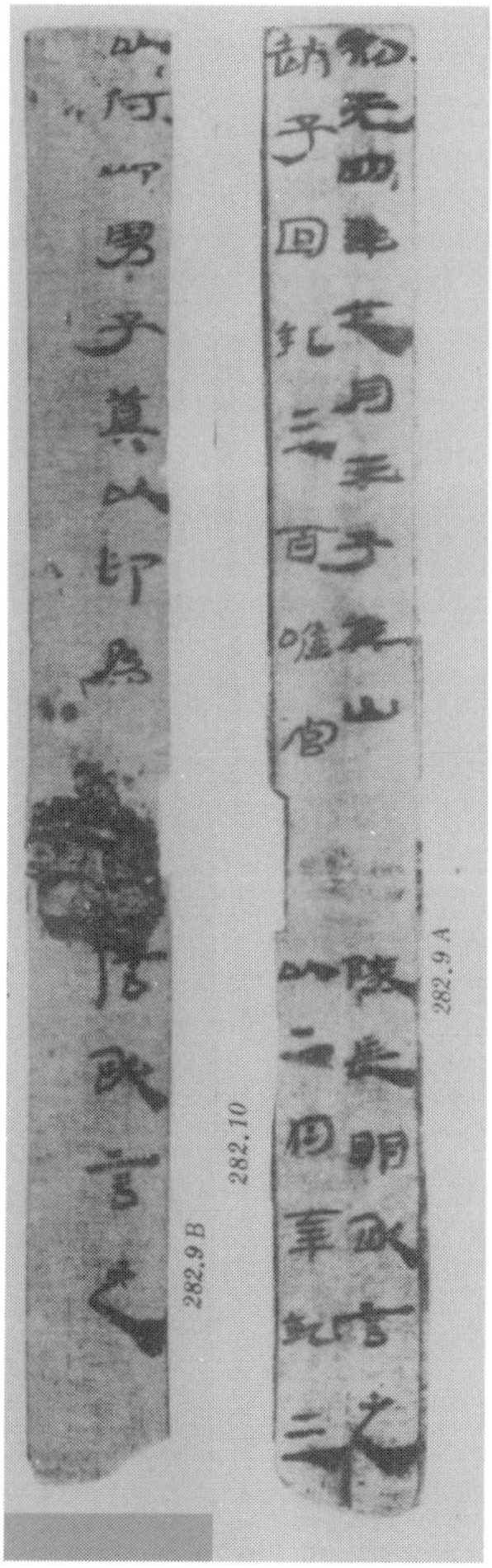

資料⑨

初元四年正月壬子箕山燧長明敢言之。
趙子回錢三百、唯官以二月奉錢三▨　（282・9A）
以付鄉男子莫。以印爲信。敢言之。　（282・9B）

初元四年正月壬子、箕山燧長の明が申し上げます。趙子回の三百銭ですが、二月の俸給三…でもって鄉男子の莫に支払ってください。印を以て証明とします。以上申し上げます。

この簡の背面には泥が残存しており、簡に直接泥を付着させてその上に印を押したものと考えられる。したがって簡に書かれた文字は露見した状態であったと思われる。「以印為信」という文言が表すように、この場合は封印のためではなく、純粋に信頼性を保証するために（つまり現在と同じ用法である）印が捺されたということになる。(9)

封印が守るもの

印には、文書の信頼性を保証する役割があると同時に、密封して文書の機密を保ち、改竄を防止するという役割もあった。しかしながら、文書を送り届ける途上で、配達者（辺境では兵卒が担当することが多い）が文書の中身を改竄するという事態はやや考えにくい。というのも、行政文書に書かれた命令や報告その他の内容について、配達者が直接に関係したり責任を負ったりしているわけではないからである。文書内容に責任を負うのは当然ながら文書発信者、発信機関の長官などであって、その配達者の責任の範囲というのは、間違いなく文書を送り届けたかどうか、ということに限られるだろう。漢代、文書の送達には厳密な時間管理がなされており、配達者は所定のスピード(10)で文書を運ばなければならなかった。とすると、改竄防止が必要となるのは、もっぱら発信日時を記した部分ではないかと考えられる。

湖北省江陵において二年律令と同時に出土した「奏讞書」と呼ばれる漢代の司法文書のなかに、次のような話がある。

河東守が（裁決に関して）伺います。郵人で官大夫の爵をもつ内（人名）が、文書を停滞させること八日、いつわってその文書を書き改めて停滞の罪を逃れようとしました。●廷の回答。内は「為偽書」の罪で論断するべし。（張家山漢簡・奏讞書12）

配達者（ここでは郵人の内という人物）が文書を書き改めたのは、文書の停滞つまり配達遅延の罪を逃れるためであった。ということは、彼が改竄したのは、文書上に記された発信日時の部分であったと推測される。漢代行政文書の書き出しは通常、「某年某月某日、AがBに告げる」というような形式だが、その「某月某日」の部分を改竄すれば、数日単位での遅配を「なかったこと」にすることも可能である。逆に言えば、封印が守らねばならないのはこの部分だということになる。

移動時間の管理という観点でこれと関連する簡を紹介しておきたい。兵卒がある別の部署に派遣ないし配置換えされるときにも、遅滞なく移動することが求められていた。このとき、派遣・配置換えの旨を記した次のような簡を兵卒自身が持って移動することがあった。

2000ES9SF4:16A

資料⑩

【資料⑩】

萬歳候長候史□ 回 □朝、遣鄣卒郅輔代武、遣之部、日時在検中。□

封泥槽内：「辛酉日入遣」　（2000ES 9SF4: 16A）

万歳候長候史□あて。□朝、鄣卒の郅輔を派遣して武と交代させ、部に行かせる。日時は検中に在り。

「日時は検中に在り」の「検」とは先にも紹介したように封泥を付着させるための簡だが、この場合はより狭義に、封泥槽の底の部分のことを指している。そこに、「辛酉日入遣」（辛酉の日、日入の時刻に派遣した）という出発時刻が隠されていたのである。この上に泥をかぶせて封印すれば、これを持って移動する人物が封を破壊しない限り、改竄することはできない。つまり最も改竄しづらい場所に出発の日時を隠すという工夫がなされていたのである。

封印の破損

文書の機密性と信頼性を保つところの「封印」だが、人間が文書を運ぶ以上、不意に破損してしまうということも十分に考えられる。では万一封印が破損した場合にはどうするのだろうか。

> およそ文書を送るのに封印を壊したら、みな罰金一両。文書を県ごとに伝達したり、郵で伝達するとき、封印が壊れたら、通過する県ですぐに印を検査し、あらためて封印してその文書に「封印が壊れたため、某県令もしくは丞の印であらためて封した」と書き加えること。（二年律令・行書律275）

伝達の途中で封印を破損してしまった場合、罰金一両が科せられた。そしてただちに近辺の役所に持っていき、そこで印の検査と再度の封印がなされる。そのことはまた文書のうえに書き入れられた。建前上、配達者が自ら壊れた封印の修理を行うということは許されないだろう。ただ、右の規定に見える「封印が壊れたため、某県令もしくは丞の印であらためて封した（封毀、更以某縣令若丞印封）」などという文言がそのまま漢簡の実物において見られるわけではなく、かわりに「封破」（印破ともいう）、「旁封」といったより簡潔な言葉が用いられていた。「旁封」は破損した封泥のそばに新しい封印をあらためて施したことを言うものであろう。

☐一封張掖大守章、詣府　●一封、封破。張尊爲旁封。　(E. P. C: 24)

…一封、張掖大守の章（で封印）、府あて。●一封、封が破損。張尊が旁封。

ところが、壊れた印に対して特に処置を行った形跡が見えないものも存在する。

印破

甲渠候官以郵行

四月己未日餔時、第一隧長巨老以來。　(E. P. T56: 47)

甲渠候官あて、郵で送ること。（以下別筆）封印破損、四月己未日餔の時刻に第一燧長の巨老が持ってきた。

印の破損が記録されているし、また末尾に「第一燧長の巨老（人名）が持ってきた」とあるためそれが確かに受信されたことは明らかだが、「旁封」や「更以某縣令若丞印封」などといった再封印を示す書き入れは見られない。発信地から受信地までの間に破損を報告できるような機関が無かったため、破損した状態そのままで宛先に届いたのであろうか。同じような例は他にも多数見られるのだが、本来はこの「旁封」がなければ処罰の対象となったようである。

丁丑到、留遲、封破、毋旁封。記到、各推▢（E. P. T59: 504）

丁丑の日に到着、留遅し、封は破損、旁封なし。文書が到着すれば、各自調査し…

下部の文字が不明のため意味がとりづらいが、文書の配達遅延、封印破損、旁封なしといった問題について、誰の責任であるのか調査せよと命じたものと思われる。

私印の使用

官印は文書の封印と信頼性の保証のために使用されており、以上に見た各種の法律制度が物語るように、その扱いには厳重な注意を払うべきものとされていた。ただしそれはあくまで建前、理念の話であって、実際の官印の扱いは法の定める規定そのままであったとは言えず、より現実的で緩やかだったのではないかとの疑念を懐かせる。

さらに漢代辺境では官印ではなく私印（官職名・肩書きを記さない、姓名のみの印）によって文書に封することも多かった。もちろん、それはあくまで代替措置とみるべきであり、官印が何らかの理由で手元に無い場合の臨時の手段であったに違いない。先に挙げた資料⑦「亡印、以私名姓封」は、官印を紛失していたため、その代わりに私印を用いたということが端的に示されている。間違いなく、官印に比べて私印の信頼性は劣るものであっただろう。[11]

そのことは当時も問題となっていたらしく、私印使用の禁止を求めた漢簡の記事が存在する。

以私印封行事、容姦、宜有禁☐　（E. P. T52: 119 抜粋）

…私印で封して業務を行うのは、不法を招く余地がある。これを禁止し…

私印でのオーソライズでは官印に比べて不十分だというのならば、その不足分の効力を補うための措置が必要になってくるだろう。その候補となりうるのが「署名」ではないかと思われるのだが、実のところ事はそう単純ではない。署名について、章を改めて検討しよう。

第三節　署　名

木簡文書のオーソライズ手段として、第三に候補となるのは「署名」である。現代における署名は、文書の内容に対する同意を示したり、責任があることを示すものである。このときに必要なのは「署名欄が埋められている」という事実であって、それが確実に判読できるかどうかは、さほど重要というわけではない。その文字が他人には判読不能であっても、筆跡が個性的であって他者には摸倣しがたいものであればひとまず有効となる。[12] 極端に言えば、文書の署名部分の筆跡が、その文書の他の部分と異なってさえいれば、一応それは「署名」として成立しうるのである。ただし当然ながら、この前提のもとでは、署名として記された名前とそれを実際に書いた人物とが一致しているかどうかは確実に結びつくわけではない。もし署名だけで厳密な本人確認をしようとすれば、同じ署名を並べて筆跡が同一であることを確かめるといった煩瑣な作業が必要になるだろう。現実にはそうした作業を行うことはほとんどなく、「署名欄が文書本文と異なる筆跡で埋められている」ことで十分とされ、逆に言えば署名が持つオーソライズ機能はこの程度までしか実効性をもたない。署名が保証するのは、「本人の署名だということになっている」という程度でしかないのである。

これに対して前節にみた官印は、使用者本人が常に佩びるものである以上、その所有者の身元と直結している。もちろん官印であっても他人が借り受けて代わりに押印することはあったかもしれないが、理屈の上では誰でも代行可能である署名と比べれば、印の信頼性は格段に高く、そのことはあらためてここで説明するまでもなく我々が経験的に理解しているところである。要するに、署名の場合、文書とそれをオーソライズする者とのあいだの「距離」が、官印の場合に比べて少し「遠い」のである。

では漢簡において「署名」と呼べるものはどのようなかたちで存在していたのだろうか。文書に対して何らかの責任を負うことを示す署名は、漢簡においてはおよそ二種類が認められる。すなわち①書記官の署名、②文書発信者の署名である。

まず①書記官の署名は、文書の末尾や背面に記入される。一例を挙げれば、

【資料⑪】

五鳳五年二月丁酉朔乙丑、甲渠候長福敢言之。謹移日迹簿

一編。敢言之。　　　　　　　　　　　　　　　　　　（267・15A）

／候史定（267・15B）

五鳳五年二月丁酉朔乙丑、甲渠候長福が申し上げます。謹んで日迹簿一編をお送りしま

す。以上申し上げます。

／候史定

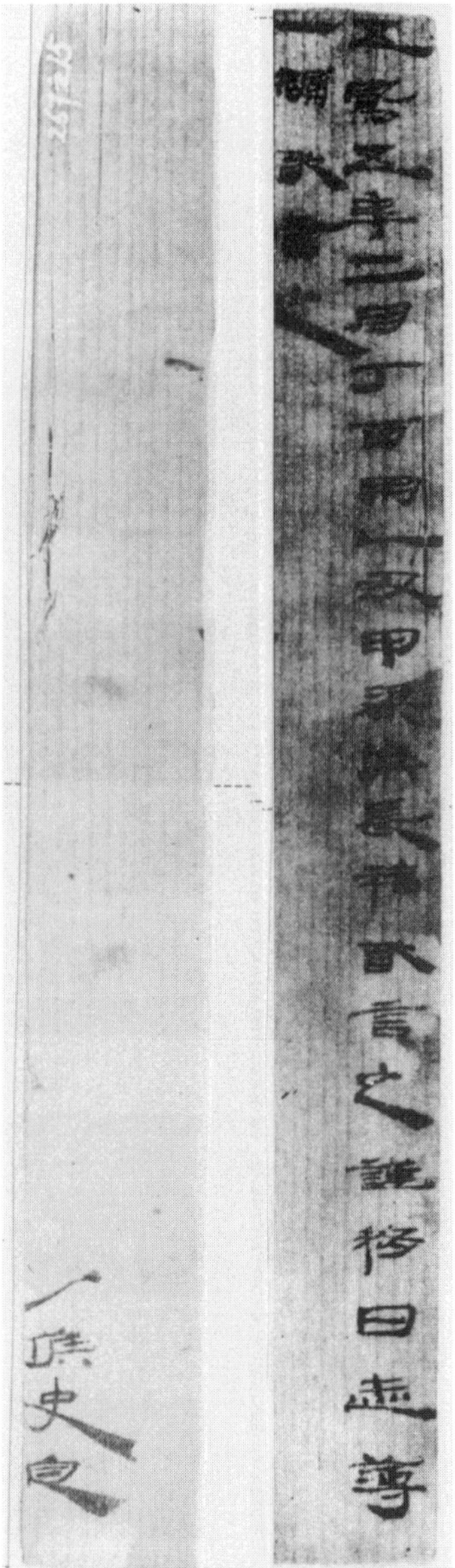
資料⑪

これはあくまで「書記」としての責任、つまり用字や転写の正確さなど書写上の問題に責任を負うことを示すのであろう。なお書記官が複数人で一つのグループとして署名している場合もある。

一方、そこに書かれた「行政文書」としての内容、つまり命令や報告内容が適切か否かといったことについては、書記官ではなく文書発信者（多くの場合、発信機関の長官もしくはその代行者）

が責任を負ったものと考えられる。それを示すのが②文書発信者の署名だが、それは文書の冒頭、年月日を記した後に現れることが一般的である。実例は後段で見るが、この部分つまり「署名欄」をもし文書発信者自らが記入するということになっていれば、その自筆署名は印と同様に「本人のもの」であるということが示され、オーソライズの役割を果たしうる。しかし漢簡における署名の問題は実のところかなり複雑であり、これまでも研究者によっていくつかの説が提示されている。

「長官自署」説

早く一九八〇年代に、文書発信者、つまり発信機関の長官が自ら署名を行っていたとする「長官自署」説を唱えたのが大庭脩氏である。(13) 文書はまず「署名欄」を空白にしておいたうえでその他の部分が起草され、長官（発信者）の署名を待ち、その後正本として発送されるというのである。このとき、署名部分は長官の筆跡、他の部分は書記の筆跡ということになり、自ずと一つの文書に二種類の筆跡が現れてくることになる（資料⑫、矢印の部分が発信者名）。

このように「自筆署名」が文書をオーソライズしたと大庭氏は考え、実際に発送された文書正本にはこうした自筆署名が加わるものとみなされた。ところがこれにはすぐに反証が提示可能であった。例えばE.P.T51:189という簡は「河平元年八月戊辰朔戊子、居延都尉誼・丞直謂居延甲渠鄣候」という書き出しを持つ、居延都尉（居延都尉府の長官）の誼から、甲渠鄣候（甲渠候官の長官）に宛てられた文書である。この簡は甲渠候官遺址から出土しており、確かにそこに届けられた正本とみなしうる。ところが、発信者名「誼」は他の部分と同筆であり、とても「自筆」には見えない。同様の例は多数あり、意外にも「自筆署名＝正本」という等式は成立しないのであった。[14]

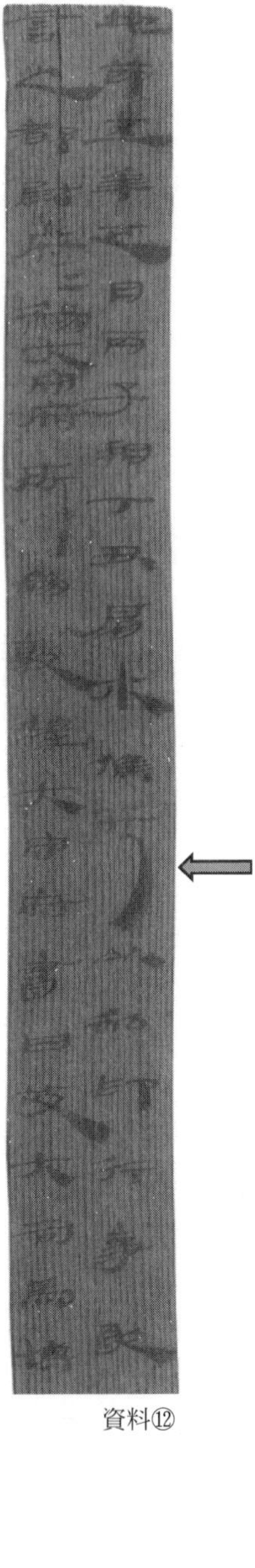

資料⑫

「属吏代署」説

署名の問題に関して近年注目すべき研究を行っているのが邢義田氏である。[15]その議論は広範にわたり逐一紹介することができないが、特に重要なのは、「自筆署名」とされてきた同一人の筆跡を集めて比較してみると、その中でも異なる筆跡が認められるということを発見した点である。邢氏は甲渠候の「獲」という人物の署名を例示しているが、すべてが同じ筆跡というわけではなく、別人が書いたとしか思えない「獲」の署名も存在するのであった。

このことから、「異筆署名」（もはやそれは「自筆」と呼べない）は、長官が自署した場合もあるものの、部下（属吏）が代行することもあったのではという仮説を邢氏は立てた。代行するかどうかの基準が今のところ不明ではあるが、同一名義の署名であっても筆跡が異なる例があるという指摘は極めて重要である。この見解を、属吏（部下）が長官の署名を代行するという意味で、「属吏代署」説と称しておこう。確かに、当時の行政事務が高度にルーティン化していたことを考えれば、長官の署名すら代行されるということがあってもさほど不思議ではないだろう。本章冒頭に述べたように、署名の部分の筆跡が地の文と異なってさえいれば、一応「署名」としての役割は（あくまでも見た目の上では、だが）果たしうるのだから。

紙の時代の署名

では漢代当時、文書をオーソライズするにあたって長官の肉筆かどうかということは重視されず、「地の文とは異筆である」というように、見た目上「署名」の形式になっていればそれで済まされていたのであろうか。そこに厳格なルールは存在していなかったのであろうか。

その問題を考えるための参考として、後世の「署名」について見ておきたい。紙文書の時代に入ると、「署名」に関する話題がいくつかの文献に残されるようになる。

義季　素より書に拙く、上聴するに余人をして啓事を書せしめ、唯だ自ら名を署すのみ。

（『宋書』巻六十一武三王伝・衡陽文王義季）

南朝宋（五世紀前半）の時代、劉義季なる人物は字を書くのが下手で、そのため上奏文を他人に書かせて、自分は署名を書き入れるだけだったという。

乾寧二年（八九五）、（董昌）偽位に即き、国号　大越羅平、……其れ制詔を下すに、皆な自ら名を署す。或るひと曰く「帝王　詔に押すること無し」と。昌曰く「親ら署せざれば、何に由りてか我の天子たるを知らん」と。

（『新唐書』巻二百二十五下逆臣伝・董昌）

こちらは唐末、董昌が天子を僭称したときの記事である。彼は詔勅のすべてに自ら署名していたが、帝王というのはわざわざ署名などしないものだと諫める者がいた。これに対して董昌は「自分で署名しなければ、我こそが天子であると知らしめることができないではないか」と反論したのである。

これらの事例には、上奏や詔勅に「自ら名を署す」行為を、余人が代行できない、すべきではないものとみなす認識が現れている。おそらくはこれが理想的な署名のあり方であって、本人の信用・権威を付与するにはやはり当の本人が自ら筆を執ることが重視されたのである。
ただしこれとは全く反対と言える事例も見出すことができる。

> 初め、上、領軍府に在り、僧真をして上の手迹を学びて下名せしむ。是に至りて書疏に報答するに、皆な僧真に付す。上 之を観て笑いて曰く「我も亦た復た別つあたわざるなり」と。
>
> （『南斉書』巻五十六倖臣伝・紀僧真）

冒頭の「上」は南斉高帝蕭道成をいう。彼は側近の紀僧真という人物に自分の筆跡を摸倣できるようにさせ、文書への署名（「下名」）はみな彼に代行させていたという。蕭道成が「自分でももはや見分けがつかない」と満足げに笑うところでこの逸話は閉じられるのだが、こちらの場合はむしろ特殊な事例として史書に残ったのではないかと推測させる。

　このように、本人による署名が（紙の）文書をオーソライズするために無くてはならない手段だとみなす観念が優勢と思われるものの、その一方で、他人に自分の名を使わせて署名とする事態も確かに存在した。「自筆」を重視するか否かは、署名を用いる「場」によって変わってくるのであろう。天子との応対である上奏や詔勅のように、緊張感の求められる場では本人自署を重視する方向に傾くであろうし、日常的な行政事務においては他人に代行させてもさほど気が咎めない、といった傾向が存在したものと考えられる。

「異筆」署名出現の条件

話を漢簡に戻すと、木簡文書はやはり日常的な行政事務に関わるものが多い。すると署名が本人の肉筆か他人の代行かはさほど重視されなかったのだろうか。「異筆」署名が出現したとしても、それは単に個人の気が向いたときのものに過ぎないのだろうか。実際のところ、そこまでは言い切れない。私見では、漢簡で「異筆」署名が現れる条件として、少なくとも二つの場合を見出すことができる。

1　直前まで発信者が未確定の場合

【資料⑬】

建武四年五月辛巳朔戊子、甲渠塞尉放行候事敢言之。府書曰、吏民毋犯四時禁、有無四時言。●謹案、部吏毋犯四時禁者、敢言之。(E. P. F22: 50A)

建武四年五月辛巳朔戊子、甲渠塞尉放行候事が申し上げます。府からの書には「吏民は季節ごとの禁令を犯してはならない。そうした人物がいるかどうか季節ごとに報告せよ。」

とあります。●厳正に調査しましたところ、所轄の吏には季節の禁令を犯した者はおりません。以上申し上げます。

【資料⑭】

建武六年七月戊戌朔乙卯、甲渠鄣守候＿敢言之。府書曰、吏民毋犯四時禁、有無四時言。●謹案、部吏毋犯四（E. P. F22: 51A)

（内容は⑬と同じ）

資料⑬

資料⑭

ここに例示した二つの文書では、いずれも発信者は甲渠候官の長官なのだが、簡が出土したのは甲渠候官遺址であるため、発信地に残された控え文書であると判断される。名義はそれぞれ

「甲渠塞尉放行候事」、「甲渠鄣守候」となっている。前者は甲渠塞尉が長官つまり「候」の業務代行（「行候事」）として発信しており、後者は「守候」（代理もしくは試用期間の候）が発信者の肩書きとなっている。つまりいずれの場合も正式な長官が不在のときの文書であるという特徴を持つ。

冨谷至氏によると、このような簡の場合、本文を書いた時点で正式な長官が不在にしており、その代行者があらかじめわからなかったため、「署名」部分を空欄としておいた、という。[16]そして発信にあたって、最終的に実際の発信者が自署したということになる（もっとも、資料⑭では署名部分は空欄になっている）。

図版を子細に見れば、異筆で書かれているのは、資料⑬においては「戊子」の日付と「塞尉放行候事」の部分であり、さらに「放」もこのなかで異筆となっている。逆に言えば発信者の肩書きは「甲渠」の部分まであらかじめ書かれていたことになる。一方、資料⑭では「甲渠鄣守候」と、肩書きは完結し個人名だけが空白、つまり「甲渠鄣守候」まであらかじめ書かれていたことになる。冨谷氏はこの相違を「行候事」と「守候」の性質の違いと述べる。[17]「行候事」は候が一時不在のときの事務取扱であって誰の担当になるかわからず、「甲渠」以上のことをあらかじめ書くことはできない。これに対して「守候」の場合、代理長官の「守候」が存在すること自体はあらかじめわかっていた、とする。

こうした微妙な相違はあるものの、事態は同じく「文書発送のその直前まで長官（代理）が誰になるか不明」という状況にあったと思われる。この点に関しては時代背景を考慮しなければならない。というのも、この種の簡が作成された時期は新から後漢への混乱期に集中しているからである。長官の交替や不在が頻繁に起こりうる不安定な時代であったことに鑑みれば[18]、先に挙げた文書において、署名部分が異筆となっていたり空白になっていたりするのは、単純に文書作成時点においても長官名義が未確定、ないし交替の可能性が見込まれたためであったとみてよいだろう。すると、署名部分を空欄にし、あとで「異筆」署名を加えるという方式になったのは、必然的な、やむを得ない事態にすぎなかったと考えた方がよいのではなかろうか。

さらに、こうした追記的な署名は、特殊文書よりむしろルーティン化した文書に出現しやすいものと考えられる。というのも、ルーティン文書は書式見本の通りに書けばよく、名義以外の文章を用意しておくことは極めて容易だからである。あるいは、ルーティン文書は、長官名義を空白にしておいてあらかじめ作成しておくということが常態化していたのかもしれない。例示した文書はいずれも、季節ごとの禁令に違反者がいないかどうかを報告する定例的な文書であった[19]。こうした文書では中身を推敲する必要はほとんどなく、先例や見本の通りに書けば全く問題ない。

今ひとつ留意すべき点は、先に指摘したようにここに挙げた「異筆」署名入りの簡は、発信地である甲渠候官で出土しているため、控え文書と見なければならないということである。では、自機関に保管するための控え文書に見える「異筆」署名は、文書の有効化、権威付けのためになされたものと言えるのだろうか。少なくとも発信用の正本に対して施された署名ではないのである。発信元に保管しておく文書にも長官みずからの署名が必要なのであろうか。

ここで再び邢義田氏の「属吏代署」説を思い出さなければならない。氏は、「異筆」署名は必ずしも発信者の自署とは限らず、書記による代行もありうると見なしていた。発信元の控え文書が「異筆」署名入りであったとしても、それを長官の自署と考える必要はないのである。

異筆の署名を持つが長官の自署とは限らず、しかも発信元に残される文書、こうした文書の性格を我々はどう捉えればよいだろうか。

後述するように、正本として発送されたことが確実な文書の場合、署名部分は基本的にすべて地の文と同じ筆跡で、「異筆」署名とはなっていない。これは、最終的な正本を作成する段階で、書記があらためて全体を浄書することになっていたためと考えられる。つまり実際に送付される正本は、最終的にひとりの書記が一気に書き上げるものであって、そこに「異筆」署名が入る余地はないのである。

これに対して、これまで「異筆」署名でオーソライズされたと考えられていた文書は、発信元に残された控えである。さらにそれは元をたどれば、正本を清書する際に直接の底本となる、最終的な草稿であったのではないか。この最終的な草稿は、先に挙げた理由により発信人名義を空欄にしてまずは作成され、発送する直前になればさすがに長官は確定しているであろうから、おそらくは正本に浄書する直前に、その署名欄は埋められる。このとき控え文書＝最終的な草稿の署名欄を埋めるのは、長官自身である場合もあろうが、他の書記が書き入れてもおかしくはない。署名欄を空けた文書の作成から、その空欄を埋めるまでの時間的なギャップ、これが発信元に残された文書に「異筆」署名が現れる理由だと筆者は考える。

やや行論が複雑になったので、「異筆」署名入りの文書が発信元に残された過程について、今一度整理しておこう。

（1）文書の発信者が最終的に誰になるのか未確定の状況下で、発信者名を空欄とした草稿がまず作成される（ルーティン文書ではこれが容易である）。

（2）発信者名義が確定すれば、その本人か代理の書記が署名欄を埋める。これは署名というより単なる追記であり、他人が代行しても問題ない。

（3）名義が追記された文書の方は保管用として、発信元に残す控えとする。この時点で、もともと草稿であった簡は保管用控えに転化したことになる。

（4）草稿（＝控え）を底本として、書記が新たな簡に全体を浄書し、それが正本となり他機関に発送される。

（5）かくして、発信地には「異筆」署名を含む控え文書（もとは草稿）が残り、受信地には全体が同筆で浄書された正本が届けられる。

従来、控えにも発信者の自筆署名があると考えられてきたが、実際には必ずしもそうとは言えない。考えてみれば、発送しない控え文書の場合、自筆署名でもってわざわざオーソライズする必要性がどれだけあっただろうか。送付先に移動することのない文書には、情報（ここでは発信者名義）さえ記入されていればそれでよいはずである。それが本人であろうと、部下の代行であろうと全く関係はない。本稿の主旨に相反するような結論になってしまうが、過去には自筆署名とも解された「異筆」署名は、文書をオーソライズする意図によってなされたのではなく、単なる「情報の追加」に過ぎなかったのである。なお長官名義が空欄のままで残った簡は、純然たる草稿（控えに転化しなかったもの）か、あるいは単に追記を忘れたものか、残念ながら確実な判断は下せない。

2　私印を用いた場合の補完措置

「異筆」署名が現れる第二の場として、私印使用時の文書を挙げることができる。ここでは、肩水候（肩水候官の長官）であった「房」なる人物の簡を取り上げよう。これも従来は「自筆署名」として注目されてきた。

【資料⑮】

二月丙子、肩水候房以私印行事、敢言之。郭□　（10・4、A33肩水候官出土）

二月丙子、肩水候房が私印により執行し、申し上げます。郭□……

【資料⑯】

地節五年正月丙子朔丁丑、肩水候房以私印行事、敢
言之都尉府二、移大守府所移敦煌大守府書曰、故大司馬博　（10・35A、A33肩水候官出土）

地節五年正月丙子朔丁丑、肩水候房が私印により執行し、都尉府に申し上げます。都尉府から届きました、大守府の転送した敦煌大守府の文書に曰く「もとの大司馬博……

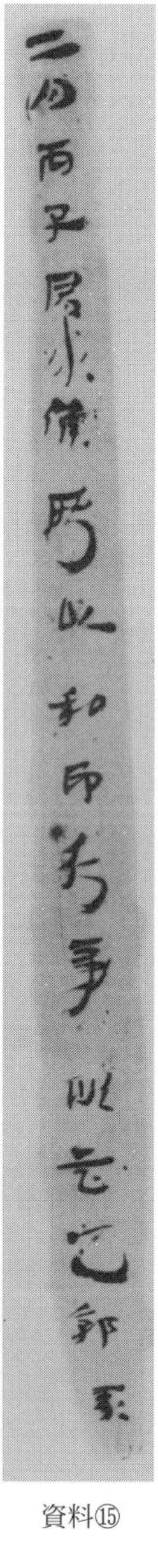
資料⑮

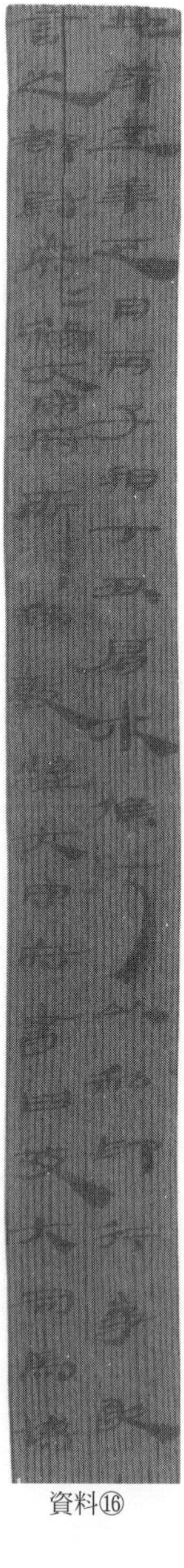
資料⑯

いずれも発信者名（肩水候房）が異筆となっていることは図版から確認できる。ただし、これもやはり発信元（A33肩水候官遺址）で出土した控え文書である点、留意しておきたい。

これらは「房」という名前部分のみ異筆で、従って「肩水候」以私印行事」の部分はあらかじめ書かれていたことになる。肩水候という肩書きや私印で執行することまで事前に判明していたならば、「誰の名義で発信するか直前まで不明」という事態は考え難く、前節の理窟でこの「署名」を解釈することはできない。なぜ長官名義の部分が異筆となっているのだろうか。また、それが控え文書に見られるのはなぜだろうか。

幸いなことに、最近になってこの肩水候房に関係する簡が新たに公表された。(20)

【資料⑰】

正月癸巳、肩水候房以私印行事、告尉、謂士吏平、候長章等。

寫移書到、除前書以後書品約從事、毋忽、如律令。／尉史義。

（73 EJT 21: 103、A32肩水金関出土）

正月癸巳、肩水候房が私印により執行し、尉に告げ、士吏平、候長章らに謂う。抄写した文書が届けば、先に送った文書は無効とし、後発の文書の規定どおりに行い、ゆるがせにしてはならない。律令の通りにせよ。／尉史義。

資料⑰

これも肩水候房が発信した文書だが、出土地は先のものとは異なりA32（肩水金関遺址）である。すると発信地（肩水候官）と出土地（肩水金関遺址）が異なるということで、この簡は移動した正本と考えるのが普通だが、肩水候官と肩水金関の関係に限っては例外である。肩水候官と肩水金関は六〇〇メートル程度しか離れておらず、行政機関として一体と考えられ[21]、したがって肩水候官に届いたはずの文書がときに肩水金関の側に移動していることは珍しくない（「肩水候官」と宛名を書いた簡が肩水金関遺址で多数出土していることがその典型例である）。このため、肩水候官から送られて肩水金関で出土した資料⑰が、正本か控えなのか、つまり移動した文書なのかそうでないのかを判定することは難しい。筆跡は⑯の簡とよく似ており、署名「房」は異筆となっている。同じく控え文書と考えてよいのではと思うが、断定はできない。

一方で、控えではなく正本と確定できる例が、新たに公表された簡のなかに存在する。

【資料⑱】

地節五年正月丙子朔戊寅、肩水候房以私印

行事、謂士吏平。候行塞書到、平行　（73 EJT21: 42A、A32 肩水金関出土）

印曰候房印。

正月戊寅、鄣卒福以來。　（73 EJT21: 42B、A32 肩水金関出土）

地節五年正月丙子朔戊寅、肩水候房が私印により執行し、士吏平に謂う。塞の巡視に関する文書が届けば、平が巡視し……（以上表面）

印文は「候房印」。

正月戊寅、鄣卒の福が持参。（以上背面）

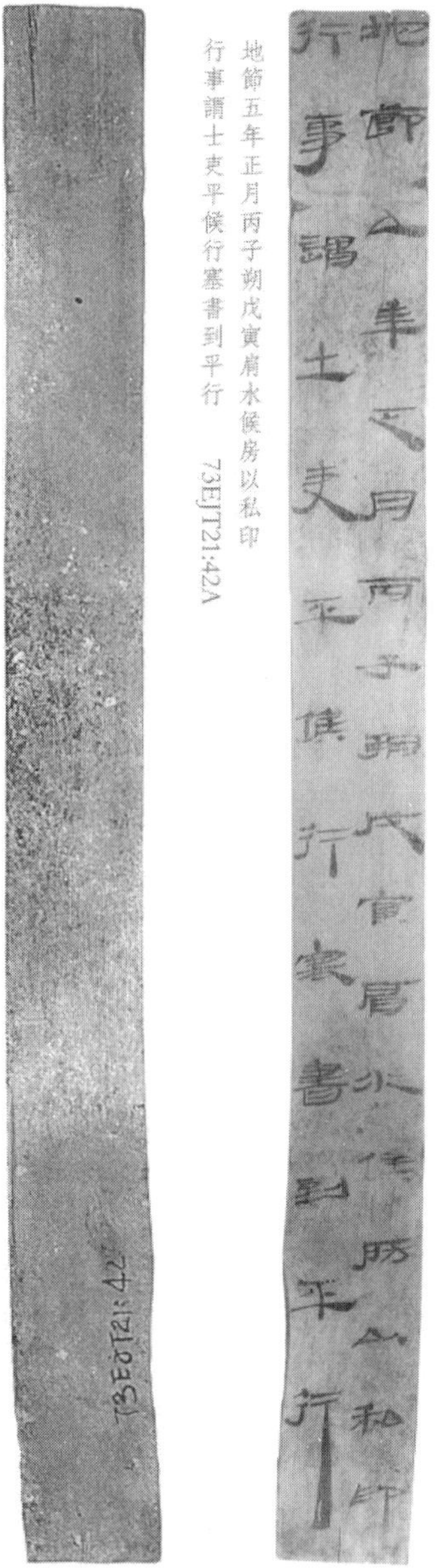

地節五年正月丙子朔戊寅肩水候房以私印
行事謂士吏平候行塞書到平行　73EJT21:42A

印曰候房印
正月戊寅鄣卒福以来　73EJT21:42B

資料⑱

図版ではほとんど判読できないが、発掘報告によると背面に印文の写しが記録されていたという。この部分は文書が届いた際に、受け取った側がその文書を封印していた印の文面を簡の上に記録しておいたものである。そのため、これは控えではなく、実際に宛先に送られた正本と見なければならない。ところが、肩水候「房」の部分はこれまでの「房」の簡とは異なり、本文と同筆となっている。これ以外にも、背面に印文の追記は無いが「元康二年九月丁酉朔己未肩水候房以私行事、謂候長長生」の書き出しを持つ73EJT21: 043もまた「房」が同筆であり、これも正本と考えられる。(22) 肩水候房の文書に関しては、実際に送られた正本において発信者名義も同筆となっている点が目に付くのである。(23)

肩水候房の簡に見える特徴をまとめると、「正本＝同筆署名」、「控え＝異筆署名」ということになる。発信地に留まった控え文書の方で、長官名が異筆となる現象が見出され、実際に送られた正本ではむしろ全体が同筆となっていたのである。このことは前節で見た、正本には書記官が浄書したものが使用されるため全体が同筆となる、という推測を支持するものである。ここでもやはり署名は正本を有効化、権威付けするためには用いられていない。むしろ送信された正本は、全体の筆跡が揃うように浄書されているのであった。

かえって注目されるのは、いずれの場合も肩水候房が「私印」によって文書を発行している点である。上記の簡以外にも、私印と「異筆」署名の組み合わせは散見する。(24) ここに、私印を使った場合の文書、それも控え文書に「異筆」署名が加えられることが多い、という傾向を見出すことができる。

前章で官印によるオーソライズが強力であった一方で、私印の効力はそれに劣るということ、にもかかわらず実態としては私印により封印された文書が送受信されていたということを述べた。私印を用いた場合、受信側からすればその届けられた正本には封印が施してあるため、「私印を用いて執行（以私印行事）」と文書に明記されてあったら、実際の封印と照合し、その通りかどうか確かめることができる（簡⑨ではそれを行った結果、背面に「印曰候房印」と追記したのである）。このようにして、正本においては、「私印を用いました」という発信側の自称が真実であることを受信側が現物によって確認することが一応は可能なのである。

一方、発信機関に残す控えには、当然ながら封印はなされない。そのため、私印を用いたと称する控え文書があっても、それと私印の「現物」とを照合することはそもそも不可能で、あくまで「文書が「私印を用いた」と自称している」ということまでしか保証されない。とすれば何らかの手段で「発信者の意図のもとで私印を用いた」ということを示す必要があり、そこで「房」の自署名を求めた、という事態があったのではないだろうか。(25) つまり、私印だけでは信用の保証が不十分なところを、自署名で補完したということである。しかしそれは他機関向けではなくてあくまでも自機関内での処置であった。(26)

本章で検討した木簡文書における署名の性格とその問題については次のようにまとめることができるだろう。まず共通するのは、「異筆」署名は普遍的に見えるものではなく、かなり特殊な状況下の文書に出現していたということである。それはまず(1)名義が発送直前まで未確定の場合であって、このときむしろ控え（草稿）に「異筆」署名が残るが、これは記入の時間差の問題であって、実際に送られる正本は書記が全体を浄書するため署名部分も同筆となるものであった。次に(2)私印を用いた文書の控えの場合であって、確かに署名（こちらは「自筆」の可能性が高い）によって信頼性を補完するという意図は窺えるが、それはあくまで私印の使用によって欠けてしまった信頼性を補うため施された署名であって、自機関向けの措置であった。この場合も送信される正本には自筆署名を用いていなかった。

そもそも送信される木簡文書は官印によって封印されており、それだけで既に十分オーソライズされている。そこに敢えて長官の自筆署名を加えたとしても、その権威は官印による封印を越えるようなものではなく、過剰な処置と言わざるをえない。自筆署名は一部で行われたにしろ、我々がイメージするような文書のオーソライズ、とくに正本に対するそれであったと考えるにはほど遠く、(1)の場合はやむを得ない外的状況（長官の未確定）があったし、(2)の場合は内部向きの確認措置にすぎなかった。木簡文書における署名は、少なくとも移動する文書正本に対するオーソライズ手段となってはおらず、その使用の場は極めて特殊であり限定的だったのである。

漢代の行政文書は言うまでもなく筆と墨で書かれるが、例えば中央政府が発行した文書は、各級の行政機関を経て地方の末端組織に至るまで、経由地でコピーされながら逓送される。もとより手書きによるコピーである。転写されることが当然の文書行政の世界で、「自筆」署名がどれほどの効果を有しうるだろうか。それは発信地から最初の受信地まで、一度きりの有効性しか持たない。その次の機関に文書が渡されるときには、それはコピーされた新たな筆跡の文書となっているはずである。発信地Ａと受信地Ｂの一対一関係のあいだだけで完結する文書であれば、Ａの長官の自筆署名は権威を持ちうるかもしれない。しかし複数機関間の逓送を前提とした文書の場合は、「筆跡の差異で長官自筆であることをアピールする」という方式は機能しない。木簡文書の時代において、署名という手段だけで文書を権威づけるということは、全く現実的ではなかったのである。

おわりに

正直に申し上げると、本稿の執筆に着手する以前、筆者が構想していたのは、「書式、封印、署名の三点が揃って、三位一体として文書をオーソライズした」という非常にすっきりとした結論であった。ところが資料を収集、検討してゆくうちに、そうした結論を下すにはあまりに楽観的に過ぎたということが次第に自覚されてきた。結果、当初の予見がまったく外れていたということは、ここまで読み進めていただいた方にはご理解いただけるものと思う。

本稿でとりあげた三つのオーソライズ手段（と予測したもの）は、三位一体、三足鼎立と呼べるような均衡のとれたものでは全くなく、オーソライズ手段としての強弱が存在するどころか、署名に至ってはオーソライズと呼べるかすら怪しいものであった。行政文書に有効性、正統性を付与するにあたっては、封印という手段が根本的な役割を果たしていた。それ以外の手段、すなわち書式の遵守や（自機関向けの）署名は、あくまで付随的、補完的なものに過ぎない。オーソライズの大黒柱たる封印の重要性はこれまでの研究者も重視してきたところであり、それだけに、一見その「対抗馬」になりそうな「自筆」署名に対する研究者の関心も高かったのだが、それを現代の署名と同等のオーソライズ手段であったとみなすことはもはやできない。現代のような、「押印は自署をもって代えることができる」といったイメージにあまりに引きずられては、漢代の行政文書の実態を捉え損なうのである。

文書をいかにオーソライズするかという問題は、現代の文書にも通じる普遍的な問題であった。そのため現代に生きる我々の眼にも、非常に身近な、興味深いテーマとして映る。時代を超えて共通する問題を探究することの面白さは、歴史学の醍醐味のひとつだが、そうした問題を扱うとき、それが我々にとっても具体的なイメージを持ちやすい問題であるだけに、かえって現代の目線そのままに過去を眺めてしまうという、初歩的でありながら致命的な過ちを犯しがちになる。文書のオーソライズという本稿の課題もまた、そのことをあらためて我々に気づかせてくれる好例であったと言えるだろう。

【図版出典一覧】


甘粛省文物考古研究所等『居延新簡――甲渠候官与第四燧』文物出版社、一九九〇年。

甘粛簡牘保護研究中心等編『肩水金関漢簡（貳）』中西書局、二〇一二年。

中国社会科学院考古研究所編『居延漢簡　甲乙編』中華書局、一九八〇年。

丁瑞茂編『小学之道――従漢簡看漢代識字教育』中央研究院歴史語言研究所、二〇一三年。

大阪府立近つ飛鳥博物館編『シルクロードのまもり――その埋もれた記録――』大阪府立近つ飛鳥博物館、一九九四年。

注

（1）張俊民「簡牘文書格式初探」『簡牘学報』第十五期、邢義田「従簡牘看漢代的行政文書範本――〝式〟」『治国安邦』中華書局、二〇一一年。
（2）永田英正『居延漢簡の研究』同朋舎、一九八九年、九六頁。

（3）ただしすべての情報が変数で表示されていたわけではなく、冒頭の「魏郡貝丘（県）」のように、具体的な地名も用いられた。このことは既に見た資料①でも同様で、そこにも「張掖居延甲渠」という実在の軍事組織の名が含まれていたのだが、そちらは簡牘の出土した遺跡（張掖郡居延都尉府に所属する甲渠候官）と一致しており、書式見本にその名が現れてもさほど不自然ではない。では資料②で出土地とはまるで無関係な「魏郡貝丘（県）」が書式見本の中に現れるのはなぜであろうか。その理由として、魏郡貝丘が一部の行政文書に頻出の地名であったということが考えられる。漢代西北辺境には、漢帝国の領域内から徴発された兵卒が多数配備されており、魏郡もまたそうした兵卒の供給地であった。するとこの書式見本の作成者にとって魏郡貝丘は見慣れた地名であったものと推測される。また同じような書式見本の断片が発見されている。戍卒魏郡貝丘某里王甲☐（E. P. T56: 377）。このEPT 56という番号が付けられたトレンチの周囲では「魏郡貝丘」出身の人物の名を記した断簡が集中的に出土している。

（4）その他この種の書式見本については張俊民「簡牘文書格式初探」（前掲）、四四―四六頁参照。なお張氏はこれを前漢宣帝時の簡としている。

（5）また、我々が目にすることのできない書式見本が当時存在していたのかもしれず、現在出土している実例は未発見の書式見本に基づいて作成されたものであった可能性も排除できない。当時の書式見本が現実にはどの程度多様であったのか、完全には把握できないという点には注意しなければならない。

（6）張俊民「懸泉漢簡所見文書格式簡」『簡帛研究二〇一〇』広西師範大学出版社、二〇一一年。

（7）また別の実例V T1309④: 23では、同じ部分に「能書會計、治官民、騎射、頗知律令」とあり、「騎射」が加わった例である。当該簡牘は張俊民「簡牘文書所見〝長安〟資料輯考」簡帛網二〇〇七年十二月八日

http://www.bsm.org.cn/show_article.php?id=757 に引用される。

（8）これは「滇陽県」当地で官印を作成するのではなく、中央で作成するために生じた誤字ではないかと思われる。官印のことを掌る中央官は蘭臺令史であり、そのもとで印工が実際の印文を書いたと考えられる（汪桂海「漢印制度雑考」『歴史研究』一九九七年三期）。文字の偏旁を取り違える程度のことは、当時の用字のおおらかさを示してもいる。

（9）市川任三「居延簡印章考」『無窮会東洋文化研究所紀要』第五輯、一九六四年。

（10）居延地域では一時あたり十里のスピードで配達するよう定められていたことが知られている。例えば居延漢簡231・2「界中八十里、書定行十時、留遲二時、解何。（八十里の区間を、文書は実際には十時間で到着した。停滞すること二時間、これをいかに説明するか）」。

（11）汪桂海「漢印制度雑考」（前掲）参照。

（12）Enno Giele, Signatures of “Scribes” in Early Imperial China, Asiatische Studien LIX. 1, 2005, p.361.

（13）大庭脩「文書簡の署名と副署試論」『漢簡研究』同朋社、一九九二年。

（14）角谷常子「秦漢時代の簡牘研究」『東洋史研究』第五五巻第一号、一九九二年。

（15）邢義田「漢代簡牘公文書的正本・副本・草稿和簽署問題」『中央研究院歴史語言研究所集刊』第八二本第四分、二〇一一年（邦訳版：籾山明・佐藤信編『文献と遺物の境界』六一書房、二〇一一年所収）、邢義田「漢至三国公文書中的簽署」『文史』二〇一二年三期。

（16）冨谷至『文書行政の漢帝国』名古屋大学出版会、二〇一〇年、二〇六—二一四頁。

（17） 冨谷前掲書、四二五頁注21。なおここに「甲渠候の不在とその代理「行官」」とある「行官」は「守候」の誤り。

（18） 例示した資料⑬、⑭ではいずれも書記官として「掾譚」なる人物の名が背面に見える。彼はこれらの他にも、「元始二十六年」（前漢最後の平帝の年号、実際には光武帝の建武二年（二六））という前漢以来の年号を持った文書の作成にも関係している。すなわち掾譚の時期は前漢・新・後漢の交替期に当たり、その政治的混乱の余波を受け、辺境地域では長官の任免が極めて不安定なものとなっていたのであろう。資料⑬（建武四年、二八）に見える甲渠塞尉放の名はまた居摂元年（六）の簡E. P. T40: 10に甲渠候として確認されるが、両者が同一人物とすると、かつての長官が塞尉に格下げされたことになる。さらに居摂年間以降、紀年の明確な建武八年まで（六〜三二）の甲渠候はほとんどが守候であり、就任順に名を挙げると、遷、恭、陽、獲、弘、獲、循、誠、獲、博、憲、良となる（このうち獲が一度目と三度目で真官となっている）。二十六年間でのべ十二人が就任しているが、これは就任が確実な史料に限ったうえでの数であり、実際にはもっと多かったものと思われる。さらに、長官の一時不在という事態（長官事務は他の官吏により「行候事」として代行される）はより頻繁に起こっていたはずである。

（19） さらにこれらの出土したF22（甲渠候官の文書庫とされる）には他にも掾譚が作成に携わり、「異筆」署名を含む文書が複数残されているが、それらは全て定例的な報告文書の類である。

（20） 一九七〇年代に肩水金関遺址で発掘された簡牘は長らく一部分しか公開されてこなかったが、近年全面的な公開が進んでいる。甘粛簡牘保護研究中心等編『肩水金関漢簡（壹）』中西書局、二〇一一年、同『（貳）』中西書局、二〇一二年。

（21）角谷常子「エチナ川流域の関について——肩水金関を中心に——」『シルクロード学研究紀要』二二、二〇〇五年。

（22）73EJT21: 043の宛先は肩水候長長生であるが、彼が送った上行文書の控えが、肩水候官遺址（20・11、10・11）と肩水金関遺址（73 EJT21: 039）より出土しており、長生の治所は肩水候官・金関と考えられる。そのため、彼に宛てられた73 EJT 21: 043（肩水金関出土）は、実際に金関に届けられた正本とみるべきである。

（23）7・7AB（肩水候官遺址出土）も同様に、肩水候房名義で実際に送られた正本（印文の写し「印曰張掖肩候」が背面にある）であり、長官名はやはり同筆となっている。発信地の肩水候官遺址で出土しているが、これは直属の配下の（肩水）候長に宛てられた文書であるためであろう。

（24）例えば肩水関嗇夫成（10・6）、甲溝候長戎（E. P. T48: 25）の簡。

（25）なお肩水候房に関して言えば、彼の「異筆」署名部分はみな同一筆跡であり、部下の代理署名だという形跡はない。

（26）ただし長官代理でも私印でもないのに異筆署名が見える簡もある（EPF22: 460等）。そこには文章として表面化してはいない別の背景が存在した可能性が残る。

質問：書写材料が木簡である時、封泥を使って印を押すということは、効果的な証明の方法だと思いますが、これが紙に移行した時代には、オーソライズの方法の主力的な方法も変化している（または、ウエイトが移行している）という事は、認められるのでしょうか。

土口：印がオーソライズにおいて最も有力な手段であることは変わりませんが、署名の地位が上昇してきます。漢代では肉筆の署名でオーソライズするということは、少なくとも現代と同じような形式では存在しませんでしたが、紙の文書の時代になると、現代と同じような署名が、本人確認、身分証明といったオーソライズの手段として登場してくることは、本文にも述べた通りです。一方で印に関しては、木簡の時代では証明と封緘の両方の意味を同時に帯びていましたが、紙文書の時代には印泥を使って紙に直接押印するということが可能になりますので、より純然たる証明の印という役割が強くなっていくと思われます。

質問：封印が大きなオーソライズの柱とするなら、本物か偽造かの判断はどうしたのでしょうか。割り符であれば偽造すればすぐにわかりますが、押印では状況によって見え方が違ってくることもあると思うのですが（印影がよく出ない、泥が欠けてわからない等）。

土口：受信側の「目利き」ということになってくるかと思います。そのときには先に届いていた封泥を参照するということがひとつの参照手段になります。印を押した封泥は受信地で保管されており、それがときに一括して出土するということが中国ではよく見られますが、封泥を保管したのは、後に届く文書の印が偽造かどうかを見抜くために利用できるため、とも言われています。

質問：書式・封印・署名の三点について、封印が圧倒的な大黒柱だったとされていますが、偽造防止の手段として最も有効だったのが封印であり、三点の中で一番最後に考えられた手段と思いますが、いかがでしょうか。別の言い方をすれば、封印が使われるようになり、署名が形式化していったのではないでしょうか。

土口：このなかでは、封印はむしろ最初に考え出された手段だと思います。文書に対するものかどうかは別として（モノを密封する場合もありますので）、封印が確認されるのは、封泥の実物が存在する時代として戦国時代に遡ります。さらに印そのものの出現は殷周時代に遡ると言われており、証明のための印はもっと古いということになります。書式・署名（書記官の）に関しては文書制度の発達と密接に関わるものですから、戦国時代末期から統一秦ごろに出現したと考えてよいのではないかと思います。

《執筆者》
冨谷　至（とみやいたる）　1952年生まれ　京都大学人文科学研究所教授　中国法制史
目黒杏子（めぐろきょうこ）　1977年生まれ　京都大学人文科学研究所非常勤研究員　中国古代史
土口史記（つちぐちふみのり）　1982年生まれ　京都大学人文科学研究所附属東アジア人文情報学研究センター助教　中国古代史

京大人文研漢籍セミナー4

木簡と中国古代

二〇一五年二月一〇日第一版第一刷印刷
二〇一五年二月二〇日第一版第一刷発行

定価［本体一六〇〇円＋税］

編　者　京都大学人文科学研究所附属東アジア人文情報学研究センター
発行者　山　本　實
発行所　研文出版（山本書店出版部）
〒101-0051
東京都千代田区神田神保町二-七
TEL　03（3261）9337
FAX　03（3261）6276
印刷・製本　モリモト印刷

ISBN978-4-87636-392-6

京大人文研漢籍セミナー　シリーズ

古いけれども古びない
歴史があるから新しい

1 漢籍はおもしろい　1800円

総説　漢籍の時空と魅力　武田時昌
錯誤と漢籍　冨谷　至
漢語仏典——その初期の成立状況をめぐって　船山　徹
使えない字——諱《いみな》と漢籍　井波陵一

2 三国鼎立から統一へ——史書と碑文をあわせ読む　1500円

魏・蜀・呉の正統論　宮宅　潔
漢から魏へ——上尊号碑　井波陵一
魏から晋へ——王基碑　藤井律之

3 清華の三巨頭　1800円

王国維——過去に希望の火花をかきたてる　井波陵一
陳寅恪——〝教授の教授〟その生き方　古勝隆一
趙元任——見えざることばを描き出す　池田　巧

＊表示は本体価格です。